Rosmarie Buri

Kuhfladen mit Zuckerguss

Rosmarie Buri

Kuhfladen mit Zuckerguss

Mein Erfolg mit
«DUMM UND DICK»

Mit 11 Zeichnungen der Autorin

Scalo Verlag
Zürich - Berlin - New York

Lektorat: Miriam Wiesel und Anne Meister
Gestaltung & Satz: HansWerner Holzwarth, Design pur, Berlin
Gedruckt bei Zürichsee Druckereien AG, Stäfa
Gebunden von Buchbinderei BuBu, Mönchaltorf

Scalo Verlag AG, Weinbergstrasse 22A, CH-8001 Zürich,
Telefon 01/261 09 10, Telefax 01/261 92 62

ISBN 3-905080-44-3
Zweite Auflage 1993

Inhalt

Vorwort

„Die enge Wohnung am Rande der Altstadt von Burgdorf ist vollgestopft mit Bildern, allerlei Zierat und Erinnerungsstücken." So oder ähnlich tönt es durch viele Zeitungsartikel, wenn Journalisten meine Wohnung beschreiben. Ich glaube, daß vier Zimmer für zwei Personen genug sind. Wenigstens für mich reicht es. Niemand kann wissen, wie sehr ich meine Dachwohnung liebe. Wenn ich zum Fenster hinausschaue, begegnet eine wunderschöne Blutbuche meinem Blick. Daneben steht eine Lärche, die mich jeden Frühling durch ihr zartes Grün erfreut. Dahinter erhebt sich die Kirche. Ihre Glocken läuten das alte Jahr aus und begleiten das neue Jahr in die Zukunft.

Ich lebe hier in völliger Abgeschiedenheit, fern von Klatsch und allem Bösen. Ich sehe nichts, höre nichts und weiß nichts. In meiner Wohnung gehört das Leben mir allein. Im Wohn- und im Schlafzimmer geht die Decke über eine sanfte Rundung in die Dachschräge über. Da fühlt man sich geborgen und wohl. An den Wänden hängen tatsächlich viele Bilder, die meisten von mir selbst gemalt. In sie hinein habe ich mein ganzes Herz gelegt. Viele Stimmungen und Gedanken sind darin verborgen: Liebe, Freude und Traurigkeit. Jedes Bild ist ein Stück von mir. Im Atelier, das alle Besucher durchqueren müssen, um in die Stube zu gelangen, sieht es noch viel bunter aus. An den Wänden hängen Brandmal-Bilder. Zwei Gestelle bergen meine gemalten Spanschachteln. Viele ihrer Motive habe ich selber entworfen und sie an unzählige meiner Schüler weitergegeben. Auf dem Tisch häufen sich immer wieder Berge von Briefen. Manchmal muß ich mich richtig durchwälzen, um noch einen freien Arbeitsplatz in diesem Papierhaufen zu finden. Meine freien Tage sind ausgelastet mit Antwortschreiben. Farben und Pinsel warten geduldig, bis ich wieder einmal Zeit finde, mit ihnen etwas Kreatives zu schaffen. Auf einem anderen Tablar steht mein Buch *Dumm und Dick,* dessen Erfolg mein ganzes Leben verändert hat. Es steht neben Büchern, die sich mit Schönschreibekunst befassen. Kalligraphie ist ein weiteres Hobby von mir, und in meinen Kursen habe ich schon viele Leute mit der Kunst der gotischen Schrift vertraut gemacht. So ist also meine Wohnung das große Reich meines vielen Schaffens geworden. Alle meine künstlerischen Werke betten mich ein. Jeder benötigt den Raum, der ihm zusagt, wo er glücklich sein kann – oder auch unglücklich. Ich brauche meinen Raum zum Arbeiten, hier hole ich meine Zufriedenheit.

Die Türe meiner Wohnung schnappt zu. Das Gas ist abgestellt, die Lichter sind gelöscht. Das

Briefchen an meinen Mann Otto liegt mit einer Schoggi auf dem Küchentisch. Für zwei Tage verreise ich wieder. Während der Eisenbahnfahrt kann ich meinen Gedanken nachhängen, aus dem Fenster sehen und die vorbeiflitzenden Landschaften betrachten. Manchmal begegnen mir kleine Fleckchen Erde, die ich in mein Herz schließe. Vielleicht kann ich sie später, wenn ich wieder mehr Zeit dafür habe, aus der Erinnerung hervorholen und daraus ein Bild gestalten, das mir und anderen Menschen Freude bereitet.

Früher saß ich beim Reisen immer auf dem Armsünderbänklein im Gang des Zuges, um den ewigen Anfeindungen der Menschen aus dem Weg zu gehen. Ich konnte die Beleidigungen über mein Dicksein nicht ertragen. Wenn jemand mich böse ansprach, habe ich geschwiegen und geweint. Früher habe ich immer alles in mich hineingefressen, wollte ich niemandem wehtun. Aber mich selber ließ ich beleidigen. Heute stehe ich zu mir selbst und quäle meinen Körper nicht mehr mit Hungerkuren. Seit ich gemerkt habe, daß mir die Leute ihre Toleranzunfähigkeit und ihren Schmutz an den Rücken hängen wollen, wehre ich mich. Noch keiner hat auch nur ein Kilo von meinem Speck mitgetragen, und keiner ist in meinen Stiefeln gegangen. Niemand hat mir die Tränen über die tausend Beleidigungen getrocknet.

Heute, nach dem Erfolg von *Dumm und Dick,* höre ich oft, daß es mir gut gehe, daß ich es jetzt gut habe – zu gut, und das sei einfach nicht richtig. Was, bitte, ist daran nicht richtig? Etwa dies, daß ich meinen Ruhm und meine Anerkennung selber verdienen mußte? Auch ich finde nichts auf der Straße, alles muß erarbeitet und verdient werden. Und ich habe viele Strapazen auf mich genommen. Ich höre mir zu Beispiel viele Leute an, die mir ihr Leid klagen, es bei mir tun können und dürfen. Hunderte von Briefen habe ich beantwortet, ich bin immer bereit zu helfen, wo seelische Not ihren Rat braucht. Hundertmal lächle ich in der Öffentlichkeit, auch wenn im Innern mein Herz weint.

19. Oktober 1990

Die Sonne scheint noch knapp über die Hausdächer, und es will Abend werden. Für mich war es ein Tag voller Aufregungen. Das Telefon schellte schon am frühen Morgen. Eine Frau war dran. „Ich will Ihnen den heutigen Tag nicht verderben", hörte ich die flötende Stimme vom anderen Ende, „aber ich finde, man sollte die Vergangenheit ruhen lassen und nicht ein Buch schreiben, wie Sie es getan haben." Sie erzählte noch von ihrer Mutter, daß es ihr auch schlecht ergangen sei. Ich wich aus, denn ich wollte zum Coiffeur, und ich mußte den Bus erreichen. So machte ich eilig Schluß mit dem Gespräch.

Was wird da auf mich zukommen, wenn das schon am Morgen so bunt anfängt? Die Zeitungen hatten über das Buch berichtet, das an diesem Abend auf den Markt kam. Im Laufe des Tages hatten noch mehr Journalisten angerufen. Einer wollte sogar zur Vernissage erscheinen; er war von einer namhaften Zeitschrift. Unruhig, von einer großen Nervosität getrieben, hetzte ich von einem Zimmer ins andere. An eine normale Tätigkeit war nicht zu denken. Auch hatte ich Angst, daß die Bücher womöglich nicht zur rechten Zeit eintreffen würden. Was sollte ich machen ohne sie? Wieder zog es mich zu den paar Abschnitten hin, die ich von meinem Buch besaß – Fahnen, wie man das nennt. Ich habe nicht gezählt, wie oft ich sie aus der neuen Tasche zog, um das Lesen zu üben. Denn laut vorlesen war für mich ein Horror. Ich sah mich immer noch als das kleine Mädchen, das die Buchstaben nicht zu Worten formen kann. Wieviele Male wurden mir dafür die blonden Haare gestreckt, wieviele Tränen sind dabei geflossen. Nun war ich gezwungen, aus meinem Buch vorzulesen. Wenn ich daran dachte, verspürte ich einen Druck im Magen und leichte Schmerzen machten sich bemerkbar.

Ein junger Bursche hatte mir versprochen, mich zur Buchhandlung zu begleiten. Es wurde immer später, ich sollte eigentlich schon weg sein. Geduldig wartete ich und war doch fast am Zerplatzen. Meine Ohren hingen förmlich an der Türglocke, die jetzt schallen müßte. Es läutete aber nicht an der Türe, sondern am Telefon. Eine klägliche Stimme sagte: „Ich habe mich verplaudert, aber ich komme sofort." Die Enttäuschung hinunterwürgend, hörte ich mich antworten: „Mit der Zeit eilt es nicht mehr. Baue lieber keinen Unfall. Es ist zu spät, ich muß jetzt weg." Der Wunsch war groß, daß jetzt ein Mensch neben mir stünde, mich an der Hand hielte und zu mir sagte: „Es ist alles gut." Da stand ich ganz verdattert im neuen königsblauen Kostüm und den schwarzen Lackschuhen. Erst jetzt nahm ich wahr, wie sehr mich die hochhackigen Schuhe drückten. Kurzentschlossen streifte ich sie ab. Ich bevorzugte die ausgelatschten weißen Sandaletten. Die hochglänzenden Schuhe verstaute ich in einer Plastiktasche und nahm sie mit.

Die Türe fiel hinter mir zu, das Schnappschloß machte ein häßliches Geräusch, das mir in den Ohren weh tat. Vorsichtig stieg ich die 52 Stufen von unserer Wohnung hinunter. Ich wußte damals noch nicht, wie sinnbildlich alles war, was ich in der nächsten halben Stunde tat. Das Hinuntersteigen war ein Abschluß von meinem alten Leben. Der Weg, den ich nahm, war vor kurzem neu gepflastert worden. Die Sonne schien durch die alten Platanen auf den Boden. In Gedanken versunken und mit einem Weh im Herzen, wieder alleine gelassen worden zu sein, ging ich meinen Weg.

Ich gab mir große Mühe, um der Realität ins Auge zu schauen und der Tagträumerei ein Ende zu setzen. Da kam mir der Satz in den Sinn, den kürzlich die Apothekerin zu mir gesagt hatte: „Du bist allein gekommen, du mußt alleine gehen." Wie wahr. Mein Weg führte jetzt bergauf.

Nachdem ich bei der Kosmetikerin gewesen war, fand ich mich im Buchladen ein. Gespannt wartete ich auf den großen Moment. Endlich drehte sich die Tür in den Angeln, und ein großer schlanker Mann mit schwarzem Lockenkopf und runden Brillengläsern auf der Nase stand in der Tür. Mit seiner rechten Hand drückte er ein pinkfarbenes

Buch an seine Brust. Ich ging meinem Verleger entgegen, mein Herz klopfte bis in den Hals. Nach acht Jahren war es Wirklichkeit geworden. Ich hielt mein Buch in der Hand. Das Buch, das ich jahrelang auf meinem Tisch liegen sah, war da. Worte waren überflüssig. Ich fragte nicht lange, ob es ihm angenehm wäre, wenn ich ihn umarmte. Ich war so überwältigt und erleichtert, daß ich meine Arme um Walters Hals schlang und ihn abküßte. Als ich ihn losließ, kam er mir ein wenig verdattert vor. Aber der Mann hat überlebt.

Laufend fanden sich in der Buchhandlung neue Gäste ein, mein Buch wurde zum ersten Mal gekauft. Fein säuberlich kritzelte ich meine neu einstudierte Unterschrift in die Bücher. Um sieben Uhr war der Laden zum Bersten voll. Niemand hätte umfallen können. Leib an Leib standen die Menschen da. Viele fanden keinen Platz mehr und mußten wieder nach Hause. Die angeheuerte Musik fand nur noch Platz in der Laube. Viele Gratulanten mit Blumensträußen kamen auf mich zu. Soviel Liebes war ich nicht gewohnt. Meine Lektorin Regina hielt die Ansprache. Große Freude kam über mich bei dem Lob der warmherzigen Frau. Wir haben uns vom ersten Augenblick an verstanden.

Nun kam mein großer Moment: Ich kletterte auf den hohen Barhocker hinter der Theke und mußte lesen. Für einen Augenblick blieb mir die

Puste weg, ich glaubte zu ersticken. Nur eines wußte ich: daß ich es schaffen mußte. Über zweihundert Personen waren im Raum, und ich las, und zwar laut, so daß es alle hören konnten. Ich bereute, die schwerste Passage gewählt zu haben, nämlich den Tod meines Vaters. Mich zusammenreißend fing ich an. Mit leicht zittriger Stimme kamen die Worte über meine Lippen. Als ich endete, waren die Leute nicht zufrieden, sie wollten mehr hören. Doch mit Bestimmtheit weigerte ich mich. Für mich war's genug.

In einer Ecke stand meine Schwester und hatte das Zittern für mich übernommen. Dem Vreneli seine Knie zitterten noch am darauffolgenden Tag, so fest sind wir miteinander verbunden. Auch andere Menschen, die mich lieb haben, sind mir in Gedanken beigestanden. Das gab mir die nötige Kraft. Doch vergessen blieben meine schönen Lackschuhe in der Plastiktüte. Viel zu spät kam die Entdeckung. Dafür sind die Füße heil geblieben und ohne Schmerzen.

Ich weiß, meine Leserei war nichts Großartiges. Sicher haben ein paar darüber gelächelt, die es besser können. Sicher hat kein Mensch geahnt, daß es für mich ein Meisterstück war. Eine Treppenstufe aufwärts in meinem Selbstvertrauen und Selbstwertgefühl. Die Krone bekam ich von meinem Verleger: „Du hast gut gelesen.“ Das war mehr wert als der höchste Geldbetrag. Jemand hatte zu mir gesagt: „Du warst gut." Und es war nicht irgend jemand gewesen, sondern der Mensch, der von Anfang an an mich geglaubt hatte, der den Mut aufgebracht hatte, das Buch zu drucken. Und noch eine Erfahrung, die neu für mich war: Ich wurde als vollwertiger Mensch angesehen. Die Kilos, die ich zuviel herumtrage, wurden nicht gewertet. Mein Verleger ist noch jung, er könnte mein Sohn sein. Mit seinen Worten hat er mir die Welt eröffnet. Ein paar Worte zur rechten Zeit am richtigen Ort können Berge versetzen.

Mein neues Leben

Niemand hat gefragt, ob es mir passe, mit sechzig Jahren in ein neues Leben umzusteigen. Es kam mir auch nicht in den Sinn zu fragen, ob ich dazu fähig sei. Kopfvoran wurde ich ins Wasser gestoßen, und ich schwamm. Das Wasser wurde immer tiefer und weiter. Jeder Tag brachte einen neuen Journalisten und Fotografen. Tausende von Bildern wurden geschossen. In den verrücktesten Posen wurde ich geknipst. Das einzige, was verschont blieb, war das Schlafzimmer. Mit großer Spannung verfolgte ich die Artikel, die über mich verfaßt wurden. Es war eine Studie für mich, wie Menschen mich empfinden, die mit mir ein paar Stunden zusammen waren. Es interessierte mich, was eine Frau schrieb und wie es ein Mann formulierte. Auch kamen viele aus Deutschland herüber, mit dem Auto und manchmal sogar mit dem Flugzeug.

Einmal war es bitterkalt. Der Fotograf war auf die Idee gekommen, mich in der Emme zu knipsen. So kletterte ich die steile, glitschige Böschung zum Fluß hinunter. Bald waren meine weißen Hausschuhe ganz schwarz. Zwei Assistenten waren dabei, die Lichtwände aufzubauen. Es war ein riesiges Spektakel für ein Bild in der Zeitung. Das Foto war auch nicht sehr gut, denn Halberfrorene wirken nicht besonders schön.

Die längste Prozedur, die ich erlebt habe, dauerte sieben Stunden: fotografieren, umziehen, kochen, schreiben, malen, in ein Kleidergeschäft, in die Buchhandlung, Wohnung umstellen. Es ging den ganzen Tag zu wie in einem Bienenhaus. Um 20 Uhr gab es endlich etwas zu essen, dann kam noch das Interview. An Schlafen war nach dem langen Tag nicht zu denken. Ich konnte nicht mehr abschalten.

Manchmal kam ich in arge Konflikte. Die Arbeiten in meinem Atelier warteten auf ihre Vollendung. Kunden drängten mich. Am Abend klemmte ich die Schulmappe unter den Arm und gab Kurse in gotischer Schrift. Immer öfter griff ich zu Tabletten, um durchzuhalten – noch bis Weihnachten dauerte das Semester. Auf einmal fühlte ich, daß ich keine gute Kursleiterin mehr war, ich überforderte die Schüler. Das Abwägen fiel mir schwer, wieviel ich den Menschen zumuten konnte. Auch gab ich zu der Zeit noch Kurse für Brandmalerei, zwei Abende in der Woche. Ich stand selbst noch in der Weiterbildung. Einen Nachmittag besuchte ich einen Kurs für Kalligraphie in Bern. Vier Jahre nahm ich schon Zeichen- und Malunterricht. Dann mußten noch Materialien eingekauft und Bestellungen für die Kurse aufgegeben werden. Eine Bilderausstellung war geplant. Waschen, Betten machen, einkaufen, Essen kochen, damit es auf dem Tisch stand, wenn mein Mann am Abend von der

Arbeit kam. Und viel Putzen war nötig, wenn man ständig fremde Menschen in der Wohnung hat. Dazu hatte sich auch noch das Fernsehen angemeldet.

Mit dem DRS aktuell drehten wir einen kleinen Film von eineinhalb Tagen. Mir machte es großen Spaß, mit den Fernsehleuten zu arbeiten. Wir verstanden uns prima, und so war es ihnen möglich, einen guten Film zu machen. Für mich war es eine große Freude, als das Team mich im Fernsehauto zum Mittagessen mitnahm. Man wird nicht jeden Tag in einem Fernsehauto ausgeführt. Wieviele Male das in Zukunft noch geschehen würde, habe ich damals nicht ahnen können.

Die Arbeit fesselte mich. Ich lernte auf diesem Weg viele Menschen kennen. Interessanten Menschen bin ich begegnet. Aber es war alles zusammen doch ziemlich anstrengend für mich. Todmüde sank ich jeden Abend ins Bett und konnte nicht mehr schlafen.

Mir war klar, daß ich etwas ändern mußte. Nur was? Die Angst war groß, plötzlich vor dem Nichts zu stehen. Es fiel mir schwer, die Malerei und die Kalligraphie aufzugeben, denn ich hing sehr an dem kreativen Schaffen. Aber mir blieb nichts anderes übrig. Ich bat um eine Pause an der Burgdorfer Volkshochschule, obwohl ich so stolz war, den Posten bekommen zu haben. Erst langsam wurde mir klar, wieviel ich eigentlich geleistet hatte: Beim

Co-op Frauenbund gab ich sechs Kurse an drei Tagen. In Klosters in der Werkstube meisterte ich 14 Tage an einem Stück nachmittags und gab am Abend Kurse. Dann waren noch die Seminare für Leiterinnen aus der ganzen Schweiz. Als der Rummel ums Buch einfach nicht nachließ, wurde mir bewußt, daß ich nicht mehr alles bewältigen konnte. Immer kam etwas Neues dazu, auch viele Radiosendungen. Leider habe ich sie nicht gezählt, aber die Zeit reichte nicht mehr aus. Ich brauchte einen Manager, der mir alles vom Leibe hielt, was nicht gut für mich war, jemanden, der entschied, was wir machen sollten und was nicht. Auch mein Mann brauchte mich noch. Wenn ich viel zu tun hatte, war sicher keine saubere Wäsche mehr im Schrank, und am Wäschekorb ging der Deckel nicht mehr zu.

An einem Abend läutete das Telefon. Am anderen Ende war Walter, mein Manager: „Du mußt morgen nach Ulm ins Radio.“ – „Das geht nicht, ich habe Wäsche.“ Ich hörte durch den Draht: „Das kannst du vergessen, du mußt morgen reisen.“ Walter gab mir den Fahrplan durch. Mir wurde ganz schwindelig. Das war ja schrecklich kompliziert. Mein Herz klopfte plötzlich nicht mehr in der Brust. Ich spürte es überall im Körper. Ich zweifelte, ob ich es schaffen werde, allein auf eine solche Reise zu gehen. „Du fährst am Morgen kurz nach sieben Uhr nach Romanshorn. Dort mußt du die Fähre nach

Friedrichshafen nehmen. Dann geht's um ein paar Häuserecken zu einem kleinen lustigen Bähnli, mit dem Zügli fährst du in die Stadt nach Friedrichshafen. Am Bahnhof erreichst du den Intercity nach Ulm. Um zwei Uhr hast du Sendung im Radio. Am besten ist, du nimmst in Ulm ein Taxi." Daß meine Knie immer zittriger wurden, habe ich nicht verraten.

Ich kam mir vor wie auf einem Schleuderbrett. Ich wurde plötzlich in die Welt hinausgeworfen. Jahrelang hatte ich jeden Tag in meinem Atelier allein an der Arbeit gesessen. Plötzlich stand ich in der großen weiten Welt.

Ein Hotelzimmer für mich war reserviert worden. Im Hotel gab es kein Restaurant, so mußte ich mir etwas zu essen einkaufen, um es auf dem Zimmer zu verzehren. Den ganzen Tag war ich nicht zum Essen gekommen. Dann merkte ich, daß ich vergessen hatte zu fragen, wie ich wieder nach Hause kam. Klar ging der Weg wieder rückwärts, es fragte sich nur, wann ich fahren mußte. Im Hotel konnte ich einen Zug erfragen. Am nächsten Morgen kletterte ich wieder in die Eisenbahn. Mit mir stieg ein junger Bursche ein, der mir mit dem Koffer behilflich war. Bald kamen wir ins Gespräch. Mein Herz frohlockte, als ich merkte, daß wir bis Zürich den gleichen Weg hatten. Mit seinem Billet zog er auch einen Fahrplan aus der Tasche. Das gab mir

Sicherheit. Doch wir erlebten noch ein paar Überraschungen.

In Friedrichshafen war keine Spur zu sehen von dem schnuckligen Bähnli. „Fährt heute nicht", bekamen wir zur Antwort. Aber ein Regionalzug stand zur Abfahrt bereit. Kaum im Wagen, fuhr der Zug ab. Auch am Hafen war am gewohnten Platz keine Fähre zu sehen. Ein Pfeil verwies auf ein kleines Boot. Der Weg war viel weiter. Den Koffer drückte ich dem Burschen in die Hand und raste wie eine Dampfmaschine hinter ihm her. Die Zeit zum Umsteigen war äußerst knapp. Kaum hatten wir unsere Füße auf dem Schiff, legten sie ab. Ein großer Haufen Rettungsringe lag an Deck, über den man klettern mußte, um ins Innere des Bootes zu gelangen. Mit kritischen Augen betrachtete ich die Ringe. Ob man da noch schwimmen mußte? Es war sehr kalt. Wenn ich denke, daß ich um diese Jahreszeit im Bodensee baden sollte, wurde es mir ungemütlich. Wir vernahmen an Bord, daß am Morgen das Fährschiff aufgelaufen sei. Der Verkehr werde provisorisch aufrechterhalten. Wir waren froh, als wir in Romanshorn heil im Zug saßen. Der junge Mann versicherte mir, daß er ohne mich den Zug nie erreicht hätte. Auch für mich war es gut, bei dem Burschen zu sein, wegen des Fahrplans. Im Flughafen Zürich verließ der Mann den Zug. Er wollte nach Frankreich und hatte noch eine lange

Reise vor sich. Vom Bahnsteig aus winkte mir der Jüngling noch einmal zu, dann trennten sich unsere Wege wieder. Doch es war ein schönes Erlebnis.

Ein langer Tag

Die Dämmerung zog schon ins Land, als ich mit dem Zug nach Zürich fuhr. Für mich ist es immer eine große Spannung, wenn ich im Flughafen aus dem Zug steige. In meinem Magen fühle ich ein leises Kribbeln, wenn ich mit dem Koffer durch die Flughafenhalle schreite. Etwas ganz Besonderes, ein Abenteuer, auf mich selbst angewiesen zu sein. Niemand steht daneben, der für mich alles erledigt. Stärkung des Selbstbewußtseins. Ich bin auch ein wenig stolz auf mich, daß ich fähig bin, mich in meinem neuen Leben zurechtzufinden. Die Sonne versank gänzlich am Horizont, der Himmel färbte sich in prächtigen Farben, als das Flugzeug vom Boden abhob und in Richtung München flog. Ein heftiger Wind stürmte, und der Flugkapitän entschuldigte sich, weil wir so geschüttelt wurden. Auch landen konnten wir nicht in München. Zweimal mußte das Flugzeug wieder eine Schlaufe fliegen, so hatten wir eine halbe Stunde Verspätung. Ich suchte mir eine Taxe, die mich ins Hotel brachte. Der Taxifahrer war sehr mürrisch und der Weg ins Hotel ziemlich lang. Es lag in einem Außenquartier. Nach langem Suchen erreichte ich um 22 Uhr das Hotel. Kaum war ich eingeschlafen, ratterte auch schon wieder der Wecker. Um 7.30 Uhr mußte ich im Fernsehstudio sein.

Ich saß an einem kleinen gedeckten Tisch im Studio. Um mich herum wurde in verschiedenen Ecken gefilmt und direkt gesendet. Man mußte sich ganz still verhalten, als ich plötzlich einen Hustenanfall bekam. In meiner Kehle kitzelte und juckte es. Ich versuchte mit einem Bonbon, dem Hustenreiz Herr zu werden. Da entdeckte ich auf dem Tischchen ein Kännchen mit Rahm. Ich goß ein wenig in eine Tasse und trank es. Der Tisch war nicht für mich gedeckt, und mir war es nicht recht, aber es war meine einzige Rettung. Da gab es eine kleine Pause. Mir wurde befohlen, daß ich jetzt husten solle. Wie gewöhnlich, wenn man etwas soll, ging es nicht. Es war mir eine große Erleichterung, daß ich nach der Pause an der Reihe war und meine Sendung ohne Husten gut vorbei ging.

Sofort nach der Sendung wurde ich im Senderaum abgeholt und ins Entrée geführt, wo ein Herr auf mich wartete. Es war ein Regisseur vom ARD, dem Ersten Deutschen Fernsehen, der mich empfing. Der Mann wollte mit mir einen halbstündigen Film machen. Er wollte mich kennenlernen, mit mir sprechen, um zu sehen, ob ich mich für sein Projekt eignen würde. Der Herr fuhr mich in seinem Auto wieder an den Flughafen. Es reichte noch für einen kleinen Imbiß. Er versicherte mir, daß er morgen mit meinem Manager verhandeln werde. Ich gefalle ihm, und er würde gerne den Film mit mir machen.

In meinem Kopf herrschte ein wildes Durcheinander. Ein heftiger Sturm und Regen tobte um das Gebäude. Verspätet flogen wir ab, verspätet landeten wir in Zürich. In der Flughalle tönte es aus dem Lautsprecher: „Frau Buri, gehen Sie sofort an die Information!" Dort wurde mir ein Zettel mit einer Telefonnummer in die Hand gedrückt: „Rufen Sie augenblicklich diese Nummer an!" Um Gottes Willen, was war geschehen? Ein Mann nahm mir das Gepäck ab und führte mich zu einer Telefonkabine. Am anderen Ende war mein Manager, der mir sagte: „Für dich steht ein Taxi bereit." Mein Abholer verstaute mich samt Koffer in seinem Taxi. Ich mußte ganz schnell nach Chur zu einer Signierung. Durch die Verspätung des Flugzeugs gerieten wir arg in Zeitnot, in Chur noch in einen Stau. Meine Nerven waren zum Zerreißen gespannt. Der Fahrer war auch unterwegs nicht zu bewegen, schneller zu fahren. Ich kam zu spät. Vor dem Eingang des Kaufhauses hielt der Fahrer, ich sprang aus dem Wagen, um mich sofort zu melden. Die Menschen standen schon Schlange und warteten auf mich. Schnell setzte ich mich auf den Stuhl und kritzelte das „R. Buri" in die Bücher. Mein Gepäck und der Fahrer waren vergessen. Der Mann hat den Rest für mich erledigt. Auf meinem Plan stand, daß ich bis 18 Uhr verpflichtet sei. Doch der Chef sagte, daß er bis 19 Uhr abgemacht habe, er habe auch so inseriert. Auch kam noch eine Reporterin, zwischendurch mußte ich ihr Rede und Antwort stehen. Um 19 Uhr stand ein junger Bursche neben meinem Pult, der mich abholte, denn ich hatte um 20 Uhr eine Lesung in Klosters. Im Auto aß ich ein belegtes Brot und trank aus einer Blechdose eine Cola. Ein Teil der Dose ergoß sich in einer Kurve auf mein blaues Kleid.

Im alten Gerichtsgebäude in Klosters, in dem eine schöne Bibliothek eingerichtet war, wartete eine ansehnliche Gruppe Menschen auf mich. Ich war sehr müde und sah die Buchstaben manchmal doppelt, doch ich wußte, was meine Pflicht war: den Menschen, die zu mir gekommen waren, einen schönen Abend zu bieten. Einige Frauen kannte ich von den Kursen, die ich in diesem Dorf gegeben hatte. Sie wollten hinterher noch ein wenig mit mir reden.

Solange ich saß, spürte ich die Müdigkeit nur im Kopf. Doch als ich aufstand, versagten meine Beine den Dienst. Zwei Frauen hakten mich unter. Sie führten mich in ein Restaurant und befanden, daß ich etwas essen müsse. Auch zu trinken brauchte ich dringend. Später wurde ich von den zwei Frauen in ein Chalet geführt, zum Schlafen. Todmüde sank ich ins Bett, doch das Erlebte kreiste in meinem Kopf.

Meine Schlummermutter weckte mich zeitig am anderen Morgen zum Frühstück. Herrlicher Kaffeeduft erfüllte den Raum, und meine Lebensgeister erwachten wieder. Um zehn Uhr stand ich in einem Laden zum Signieren. Mit einer Bekannten ging ich noch zum Mittagessen. Dann hatte ich nur noch den einen Wunsch: Ich wollte ins Bett und keinen Menschen mehr sehen.

Am nächsten Tag war Sonntag, ein freier Tag für mich. Zum Mittagessen war ich eingeladen. Ich mußte mir große Mühe geben, um aufzustehen. Gegen Abend wollte die Schlummermutter mich in ein Konzert mitnehmen. Ich mußte darum bitten, daß man mich alleine ließ. Am Montag reiste ich erst gegen Mittag ab. Um acht Uhr wurde ich schon zum Frühstück geholt, ich mußte die Wohnung räumen, weil die nächsten Gäste im Anmarsch waren.

Burgdorf

Da lag der Brief, der mich total durcheinander gebracht hat. Darin stand, daß ich Ehrengast im Bücherexpress sei und der Sonderzug für mich in meinem Heimatort hielte. Das darf doch wohl nicht wahr sein – für mich! Mir wurde mitgeteilt, daß ich etwas unternehmen solle, um den Halt des Zuges zu würdigen. Musik mußte her. Ich telefonierte mit verschiedenen Musikvereinen. Bei den Trommlern und Pfeifern fragte ich an. In der Jugendgruppe wurde nachgefragt, doch die Schüler bekamen nicht frei. Der Lehrer sagte, für so etwas gäbe es keine Freistunde. Um etwa eine Stunde hätte es sich gehandelt. Meine Begeisterung sank mit jeder Absage. Ich rief beim Kulturamt der Stadt an. Es hielt niemand für wichtig genug, um etwas zu unternehmen. Es wurde mir versprochen, daß Leute von der Gemeinde mich an den Bahnhof begleiten würden.

Einen Tag vor meiner Abreise sprach ich noch mit unserer Hausmeisterin und klagte ihr mein Leid. „Warten Sie, ich will mal schauen." Sie hat geschaut. Am Morgen, als ich auf den Bahnsteig trat, kamen mir freundliche Handharmonikaklänge entgegen. Eine große Gruppe Spieler saß in der eisigen Kälte und spielte mit halberfrorenen Fingern die lieblichsten Melodien. Vom Präsidenten der Musikgruppe wurde mir ein wunderschöner Blumenstrauß überreicht. Vor Freude drohte mir fast das Herz stillzustehen. In einer Spielpause wollte ich meinen Wohltätern danken, die Tränen erstickten meine Stimme, ich brachte kaum ein Wort hervor. Von der Gemeinde aber erschien niemand. Am Vorabend hatte eine Sekretärin angerufen, daß der Herr verhindert sei. Ich weiß, ich bin eben kein Bundesrat, sondern nur eine Arbeiterfrau. Trotzdem wurde ich nicht allein gelassen, ich fand Freunde, die zu mir standen.

Ein Jahr später hielt der Zug zum zweiten Mal für mich. Auch der Handharmonikaclub hielt mir wieder die Treue. Das werde ich ihnen nie vergessen.

Einmal bekam ich vom Fernsehen einen Nußbaum geschenkt. Es mußte ein Nußbaum sein, weil ich ledig Nußbaum heiße. Die Gemeinde Burgdorf schenkte mir einen schönen Platz vor der Haustür, wo mein Baum gepflanzt wurde. Mit dem Fernsehauto wurde mein Baum von Zürich nach Burgdorf gebracht. Ein riesiges Loch wurde ausgehoben mit dem Bagger, und ein Stadtgärtner setzte das Bäumchen in die Erde. Dazu kam das Dokument, in dem ich geschrieben habe, warum der Baum hier wächst und wem er gehört. Damit dem Schriftstück nichts passierte, tat ich es in eine kleine Flasche und schraubte sie zu. Meine Cousine Lorli, Leute aus dem Haus, aus der Gasse, die Stadtgärtnerei wie auch Journalisten waren anwesend. Ein Herr vom Stadtbauamt kam noch dazu. Er wollte nachsehen, ob alles kunstgerecht gemacht sei. Er kam uns sehr gelegen, um die Rede zu halten. Wir wußten nicht, wer das sonst übernehmen sollte, denn es war wieder niemand von der Gemeinde da.

Etliche Male sah ich Menschen bei dem Bäumchen stehen. Sie waren hergepilgert, um es anzuschauen. Auch die Leute aus der Straße sind sehr besorgt um den Baum. Neulich las ich einen Artikel in der Zeitung, den ein Anwohner unserer Straße geschrieben hat. Er mahnte, daß man das Parkhaus benutzen und nicht immer um den Grünstreifen am Frommgutweg die Autos parkieren solle. Wörtlich: „Es ist nur eine Frage der Zeit, wird der zu Ehren unserer Burgdorfer Schriftstellerin Rosmarie Buri gepflanzte Nußbaum über den Haufen gefahren.“ Kurze Zeit danach wurde ein massiver Lattenzaun angebracht, so daß keiner mehr sein Auto beim Bäumchen parkieren kann.

Der Unfall

Ich versuchte einen Start in Richtung Küche, doch das Telefon klingelte erneut. Auf halbem Weg drehte ich mich auf dem Absatz Richtung Klingelkasten. Meine Augen wurden immer größer, als ich die Stimme am anderen Ende sagen hörte: „Hier ist Hansruedi aus der Lenk. Ich bin der Pilot, der damals den Schlitten gesteuert hat.“ Ich mußte mich setzen. Doch das alte Schuhgestell ächzte in allen Fugen und legte sich quer. So war ich gezwungen, wieder aufzustehen.

Hansruedi erzählte mir, daß seine Frau im Bett mein Buch *Dumm und Dick* gelesen habe. Auf einmal sagte sie zu ihm: „Du, das geht dich an.“ Vielen Leuten habe er von dem Unfall vor über vierzig Jahren erzählt und es nie vergessen können. Er habe mich aus den Augen verloren. Einmal sei er noch im Spital in Zweisimmen gewesen, er wollte mich besuchen. Die Schwester habe ihm mitgeteilt, daß ich schon abgeholt worden sei.

Wir haben in den langen Jahren nichts mehr voneinander gehört. Jetzt, durch das Buch, haben wir uns wieder neu gefunden. Hansruedi erzählte mir, daß er durch einen Unfall am linken Bein invalid sei. Eigenartig – bei mir war es auch das linke Bein.

Wir haben noch ein paarmal miteinander telefoniert. Mein Mann und ich wurden eingeladen zu einem Mittagessen in der Lenk. Ich wollte den Mann von damals wiedersehen. Auch Hansruedi hatte seine Lebensgeschichte aufgeschrieben. In einem ausführlichen Zeitdokument hatte er aus der Kriegszeit berichtet, sogar noch Lebensmittelkarten eingeklebt. Einen ganzen Sonntag ging uns der Gesprächsstoff nicht aus. Aus seiner Lebensgeschichte hat er mir die Seite herauskopiert, auf der er den Unfall beschreibt, der mir 1949 passiert war. Wir wunderten uns über die Übereinstimmung der Gefühle und Tatsachen, wie gleich wir es erlebt hatten.

Auszug aus

Dumm und Dick:

Eines Abends ging ich noch mit einem Brief zur Post. Da begegnete mir eine Schar junger Mädchen und Burschen, die zwei Bobschlitten bei sich hatten. Sie fragten mich, ob ich Lust auf eine Abfahrt hätte. Ich überlegte nicht lange und ging mit ihnen den Hügel hinauf. In rasender Fahrt sausten wir dem Dorf zu. Doch die letzte, total vereiste Kurve erwischten wir nicht mehr. Der Schlitten rutschte zur Seite und ich schlug mein Fußgelenk an einem Zaunpfosten auf. Als ich aufstehen wollte, ging es nicht mehr. Bald färbte sich der Schnee rot von meinem Blut. Meine Begleiter entschlossen sich, mich zum Arzt zu bringen. Ich hatte wahnsinnige Angst, denn ich wußte, daß etwas Schlimmes geschehen war. Der Arzt zog mir den Strumpf aus, und eine klaffende Wunde kam zum Vorschein. Er bewegte ein wenig das Fußgelenk, was mich vor Schmerz aufschreien ließ. Ich müsse sofort ins Spital, da sei alles kaputt, meinte er. (. . .) Im Verlauf des Tages besuchte mich der Herr und eröffnete mir, daß er für mich keine Versicherung abgeschlossen hätte und ich die Kosten selber tragen müsse.

Die Kosten habe ich ratenweise abbezahlt von dem geringen Lohn, den ich als Dienstmädchen verdiente.

Bei Hansruedi heißt es:

1949

An einem herrlichen Abend mieteten wir drei uns einen Bob. Auf der Gerbigasse herrschten hervorragende Schlittenverhältnisse. Auf dem Weg begegneten wir einem jungen Mädchen, mit welchem wir ins Gespräch kamen. Sie war als Hausmädchen bei einer Familie, die bei Walter Schläppi in der Ferienwohnung war. Das Mädchen wäre auch gerne einmal mitgefahren, und wir nahmen sie mit. Wir erklärten ihr das Verhalten auf der Fahrt. Damit ging die Fahrt los. Bei der „schwarzen Scheune" verlegte unsere Mitfahrerin das Körpergewicht auf die falsche Seite, und aus Angst hielt sie noch die Beine hoch. Mit dem einen hochge-

haltenen Bein schlug sie an einen Zaunpfahl, und die Fahrt endete im Tiefschnee. Unsere Passagierin schrie auf und klagte über Schmerzen im Unterschenkel und Fuß. Als ich mit der Hand über das verletzte Glied strich, spürte ich warmes ausströmendes Blut. Uns wurde es Angst und wir wußten, was es geschlagen hatte. Sofort brachten wir das Mädchen zu Dr. Hans Zeller. Dieser sagte uns, daß er sie ins Spital zur Operation bringen müsse. Wir versprachen dem Mädchen, daß wir das Mißgeschick ihrem Meister melden würden. Uns war es begreiflicherweise nicht ganz wohl bei der Sache. Der feine Ferienherr schalt uns zünftig aus und teilte uns mit, daß er für das Hausmädchen keine Versicherung habe und wir für den Schaden aufkommen müßten. War das ein Schreck, wir waren als Lehrlinge mausarm und unsere Eltern würden sicher auch nicht für den Schaden aufkommen. Dem Ferienherrn sagte ich aber, daß er verpflichtet sei, eine Versicherung für sein Personal abzuschließen. Mit Schimpfworten wies er uns von der Türe. Ich berichtete dies dem Dr. Zeller, welcher mir versprach, er werde den Herren schon in die Schranken weisen. Wir besuchten das Mädchen im Spital, welches uns sehr leid tat. Als ich wieder einmal in Zweisimmen nachfragte, war es fort. Wir hörten nichts mehr von ihr, denn wir kannten keine Adresse. Diesen Unfall werde ich nie vergessen und wir nahmen nie mehr „Passagiere" mit auf unsere Fahrten.

Kurze Zeit nach unserem Besuch bekamen wir die Todesanzeige von Hansruedi. Ich war sehr froh, daß ich ihn noch besucht hatte. Es hatte ihn ein Leben lang beschäftigt, was aus mir geworden war.

In Riggisberg

Pünktlich traf der Zug in meinem Wohnort ein. Auf dem Bahnsteig erwartete mich der Regisseur von *Radio Bremen* mit seiner Lebensgefährtin. Liebevoll überreichten sie mir einen schönen Biedermeierstrauß. Wir fuhren nach Hause, um meine Sachen zu deponieren. Schon am nächsten Tag ging es weiter nach Riggisberg, um dort Aufnahmen zu machen. In dem Haus, in dem mein Vater gestorben war – das Haus wurde erst vor kurzer Zeit renoviert –, erlebte ich noch einmal das ganze Elend meiner Kindheit. Wie ein Film lief alles vor mir ab. In einem unbemerkten Augenblick schlich ich mich unters Haus, wo ich wie früher meinen Tränen für einen kurzen Augenblick freien Lauf ließ.

Die niedrigen Stuben waren noch dieselben, so wie die rohen Bretter an den Wänden. Ich wußte genau, wo das Bett mit dem toten Vater gestanden hatte. Ich sah den schwarzen Leichenwagen mit dem schwarzen Pferd vor mir, das mit einer schwarzen Decke zugedeckt war. Nur mein Versteck habe ich nicht mehr gefunden: den kleinen Brunnen, die Birke und den kleinen Bach mit der Brücke, wo ich mich verstecken konnte und mich keiner fand. Was ich keinem verraten hatte, das war verschwunden. Vergebens suchten meine Augen das Fleckchen heile Welt.

Auch im Dorf, wo meine glücklichste Kindheit war, haben wir gefilmt. Das Haus, in dem ich geboren wurde und meinen ersten Schrei tat. Wir suchten die Bäuerin auf, die noch lebte. Die Stube ist die gleiche geblieben, doch andere Möbel standen darin. Nur der alte Stubentisch ist noch dort, an dem die ganze Familie Platz fand. Auf dem Gsteig, wo unsere letzte Wohnung als Halbwaisen war, da war die Zeit stehen geblieben. In der Küche fanden wir den weißen Plättliboden, der mir damals unendlich hoffärtig erschienen war. Auf den Knien hatte ich ihn geschrubbt, um einmal ein Lob von der Mutter zu erhaschen, das doch nie kam. Auch der alte Kochherd, wo ich Feuer gemacht und Kartoffelsuppe gekocht hatte, stand noch da. Ich kam aus dem Staunen nicht heraus. Oben am Fenster entdeckte ich die uralten, vergilbten Papprollos, die im Krieg als Verdunklung gedient hatten. Da, wo früher unsere Nachbarn gewohnt hatten, lebte noch jemand. Der Regisseur fragte die Leute, ob es wahr sei, was ich in *Dumm und Dick* geschrieben habe. „Und ob das wahr ist. Das können wir bezeugen." Auch beim Schulhaus haben wir gefilmt. Große Traurigkeit erfüllte mein Herz, als ich auf der Treppe stand, wo einst das Klassenfoto entstanden war. Wieviel Ängste, Ungerechtigkeit und Schrecken ich in diesem alten Bau mit den protzigen Säulen vor dem Eingang hatte ausstehen müssen! Wie schade um die Zeit, die ich in dem Haus verbracht und dabei so wenig gelernt habe. Als armes Mädchen stand ich auf dem Abschußbrett – auch wenn es für gewisse Leute aus dem Ort alles nicht wahr ist. Aber warum rufen sie mich an und schreiben mir anonyme, gemeine Briefe? Sie hängen mir an, daß ich alles nur des Geldes wegen gemacht hätte. „Das letzte Hemd habe dann keine Tasche“, sagte man mir. Gerade mir! Als wir arm waren, hat sich niemand um uns gekümmert, haben die Leute ihre Augen mit Scheuklappen zugedeckt. Jetzt, wo ich es trotz allem geschafft habe, wird mir das Geld mißgönnt. Ich finde das ungerecht. In *Dumm und Dick* habe ich nur erzählt, wie es wirklich gewesen war. Ich habe nicht im Sinn gehabt, jemandem Schuld in die Schuhe zu schieben. Es wurden viele Fehler gemacht, damals. Vielleicht lag es an der Zeit. Die Verurteilung macht mir Mühe.

Ich weiß heute, daß das Dorf geteilter Meinung ist. Die eine Hälfte findet gut, was ich geschrieben habe, und steht zur Wahrheit. Die andere Hälfte verurteilt mich auf das Schändlichste.

Was hat sich seit damals geändert? Das einzige, was mir an meinem Geburtsort noch gefällt, ist der Friedhof, die Aussicht von der Kirche auf das Dorf und das Panorama der Berge. Ich war froh, als die Filmarbeiten im Dorf beendet waren und wir den Hügel wieder hinunterfuhren.

Unterwegs

Die Bahnreise führte mich diesmal nach Chur. Am Bahnhof wurde ich sehr freundlich empfangen. Die Frau hatte meinen Koffer schon ausgelöst, den Frachtbrief hatte ich ihr per Post zugesandt. So viele Koffer konnte ich nicht nach München nehmen. Mit dem Auto fuhren wir auf die Lenzerheide, da hatte ich eine Lesung am Nachmittag. Der große Saal war innerhalb kurzer Zeit voll. Auch eine Schulklasse war anwesend. Nach der Lesung kam wie immer eine angeregte Unterhaltung zustande. Auch der Regisseur vom ARD war anwesend. Anschließend konnte ich mit ihm sprechen, bei einem Nachtessen. Leider mußten wir wieder aufbrechen; ich hatte an dem Abend noch eine Lesung in Churwalden.

Die Familie meiner Begleiterin war samt Kater anwesend. Es war wieder ein anstrengender Tag. Meine Herberge war beim Gemeindepräsidenten, seine Frau meine Betreuerin. Ihr Sohn mußte mir sein Zimmer abtreten. In dem Zimmer entdeckte ich etwas, bei dem mein Herz höher schlug. Ich fühlte mich in meine Kindheit zurückversetzt.

Meine Brüder hatten Bleisoldaten, eine ganze Schuhschachtel voll. Ich durfte sie nicht anfassen, und die Soldaten hatten mir doch so gut gefallen. Wenn meine Brüder weg waren, schlich ich mich in die Kammer, um die Soldaten in Reih' und Glied aufzustellen. Ich kommandierte so, wie ich es im Dorf bei den echten Soldaten gesehen hatte. Nun lagen und standen in diesem Zimmer in Churwalden auf allen Regalen und Möbeln kleine Plastiksoldaten. Ich konnte nicht anders, ich mußte mit den Figürchen spielen. Es kam mir ein wenig lächerlich vor, in meinem Alter mit Soldaten zu spielen. Ach, was soll's, es sieht mich ja niemand. Am anderen Morgen ließ ich mich hinreißen, einen kleinen Kerl in meiner Tasche verschwinden zu lassen. Gestohlen habe ich den Kleinen, der jetzt auf meinem Regal steht. Als der Bursche, dem die Soldaten gehörten, von der Schule nach Hause kam, sprach ich mit ihm. Ich merkte, daß er über die Armee gut Bescheid weiß. Ich fragte, ob er mir eine Figur schenken würde. Schweren Herzens trennte er sich von einem kleinen Soldaten. Einmal werde ich ihm die Soldaten mit Schoggi zurückgeben und meine Sünde eingestehen. Alter schützt vor Torheit nicht.

Nach dem Mittagessen stieg ich in Chur in die Rhätische Eisenbahn. Ich freute mich auf die schöne Reise ins Engadin. Celerina war mein letztes Ziel. Meine Lesung fand erst am Abend statt, so hatte ich Zeit, zur Friseuse zu gehen und für einen Bummel durch den Ort. Ich stand vor einem Schaufenster und betrachtete die Auslagen. Da ging hastig die

Ladentüre auf und der Besitzer des Ladens fragte mich, ob ich nicht die Rosmarie Buri sei. „Ja, bin ich." Der Mann faßte mich bei der Hand, und schon stand ich im Laden vor einem großen Gästebuch, in dem sich viele Prominente verewigt hatten. Auch in einem Restaurant, wo ich meine Bündner Gerstensuppe löffelte, haben sie mich erkannt. Ich lud die Anwesenden zur Lesung ein, und etliche sind wirklich gekommen.

Zwei Tage hätte ich in dem schönen Hotel in Celerina bleiben können, die Ruhepause hätte mir sicher gut getan, doch mein Pflichtbewußtsein rief mich wieder nach Hause. So bin ich frühzeitig abgereist. Am Abend stand das Essen auf dem Tisch, als Otto von der Arbeit nach Hause kam.

Am darauffolgenden Tag machte ich Besorgungen in der Stadt. Ich traf eine Bekannte. Sie fragte, wie es mir gehe. Ich antwortete, daß ich auf Tournee gewesen sei. Da kam es wie ein Schwall aus ihr heraus: „Sie werden es einmal bereuen, wenn Ihr Mann stirbt, daß Sie ihn immer allein gelassen haben." Männer müsse man verwöhnen. Man müsse nach ihnen schauen und dürfe sie nicht immer allein lassen, wie ich das tue. Die ganze Stadt spreche schon davon. „Otto arbeitet ja", war meine Verteidigung, und überhaupt habe mich noch nie jemand gefragt, was ich die elf Stunden am Tag allein zu Hause mache. Ich könne meinen Mann nicht zur

Arbeit begleiten, er gehe ja auch allein. „Das ist etwas anderes“, sagte sie, sie gehe auch zum Arbeiten weg, aber nicht in die Ferien. So wie ich in der Welt herumzureisen, sei doch keine Arbeit.

Gerne hätte ich mit jemandem etwas Vernünftiges gesprochen. Das war ja nicht auszuhalten. Schuldgefühle anhängen, dabei wußte die Frau gar nicht, wovon sie sprach. Ich erledigte so schnell wie möglich meine Einkäufe und machte mich wieder auf den Heimweg. Ich schloß mich in meine vier Wände ein und fühlte mich einsam und verlassen. Ein Trotz erwachte in mir. Wenn ihr glaubt, mich auf den Boden zu zwingen, so habt ihr euch getäuscht. Denn ich weiß genau, was ich will, und werde nicht mehr tun, was ihr von mir erwartet. Ich lebe mein Leben!

Eine Lesereise

Am 26. Juni 1991 fuhr ich zum ersten Mal allein auf eine Lesetournee nach Deutschland. Ein eigenartiges Gemisch von Freude und Angst war in mir.

Meine erste Station war Augsburg. Dort nahm ich ein Taxi zum Hotel. An der Anmeldung war niemand zu sehen. Meine Hand griff nach der Glocke, die auf der Theke stand. Eine schlampige Frau erschien in der Tür. Anmeldung ausfüllen, dann wurde mir der Zimmerschlüssel ausgehändigt. Ich fragte, ob man hier essen könne. „Nur frühstücken", kam es mürrisch von ihren Lippen. Mein Magen knurrte, denn ich war schon seit dem Vormittag unterwegs, und es war bald Abend. „Wo gibt es hier ein Restaurant?" – „Wenn Sie die Straße lang gehen, kommen Sie an eine Kreuzung, dort gehen Sie rechts und dann wieder links, dort gibt es eins." Kompliziert, ob ich das wohl finden würde? Nachts, in einer fremden Stadt, kein Mensch weit und breit, den ich kannte. Ob es wohl gefährlich war, allein auf die Straße zu gehen? Scheu fragte ich noch nach dem Weg in mein Zimmer. „Rechts, dann links", hieß es, „dort finden Sie einen Lift." Im zweiten Stock verließ ich mit meinem schweren Koffer den Aufzug. Den Koffer stellte ich ab und zog ihn wie einen Hund hinter mir her. Auf dem Schlüssel stand „211", doch fand ich keine solche Zimmernummer, wie ich mich auch anstrengte. Also den Gang wieder zurück. Ich entdeckte eine Tür, die durch zwei Stufen erreichbar war. Sicher ging es dort weiter. Ich öffnete die Türe, da flog mir ein riesiges Ungeheuer mit fletschenden Zähnen entgegen. Ein Dobermann hatte auf einem Tisch gelegen. Als er mich, die Fremde, sah, wollte er mich fressen. Geistesgegenwärtig schlug ich die Türe wieder zu. Der Hund tobte und kratzte an der Türe. Ich sah, daß ein Schlüssel im Schloß steckte, und drehte ihn um. Das war gerade noch einmal gut gegangen. Meine Knie zitterten noch den ganzen Abend. Keine menschliche Seele war zu sehen. Erst nach langem Suchen fand ich mein Zimmer. Es war drückend heiß, ein Gewitter lag in der Luft. Erschöpft warf ich mich aufs Bett.

Am Abend getraute ich mich, das Restaurant zu suchen, bewaffnet mit meinem Knirps. Wirklich fand ich ein kleines italienisches Restaurant. Es sah nicht sehr einladend aus. Ein schmuddeliger Kellner erschien in der Pendeltür. Ich hatte Glück, es gab Spaghetti. In einer Ecke saßen zwei ältere Männer vor einer Flasche Wein, die kein Auge von mir ließen. Mir war es unheimlich zumute, doch der Hunger war größer als die Angst. Die Türe ging auf, und drei dunkle Gestalten traten in den Raum. Alle drei trugen die langen Haare pomadisiert streng nach hinten gekämmt. Die Körper waren in lange

Regenmäntel gehüllt, die Krägen hochgestellt. Die drei setzten sich an einen Tisch. Der Kellner kam durch die Pendeltür. Als er die Männer sah, verschwand er ganz schnell wieder nach hinten. Darauf erschien ein kleines unbedeutendes Männchen. Ein Pomadisierter mit einer Mappe unter dem Arm verschwand mit dem Männchen im Hintergrund, um nach einiger Zeit wieder hervorzukommen. Wie die drei aufgetaucht waren, verschwanden sie wieder. Mir war es nicht wohl in meiner Haut. Ich verschlang meine Spaghetti und machte mich auf den Rückweg.

Unterdessen war ein heftiges Gewitter losgebrochen. Im Hotel schlüpfte ich sofort unter die Decke. Ich fühlte mich einsam und verlassen. Schlaf fand ich lange nicht. Doch kaum war ich endlich eingenickt, schreckte ich wieder auf. Ich hörte ein eigenartiges Geräusch. Es klang wie schlurfende Schritte im Zimmer und wie leises Stöhnen. War das ein Gespensterhaus? Früher einmal sollte es ein Kloster gewesen sein. Mit zittriger Hand griff ich nach dem Lichtschalter. Im Zimmer konnte ich nichts entdecken. Das Portemonnaie unter der Matratze war auch noch da. Ich hielt den Atem an, das Geräusch blieb. Ich stieg aus dem Bett und getraute mich zum Fenster. Da fand ich des Rätsels Lösung. Es waren die großen, nassen Kastanienblätter, die sich im Wind rieben.

Am nächsten Tag hatte ich eine Lesung in einer Buchhandlung. Ich wurde zu Fuß abgeholt. Der Mann, der mich abholte, klapperte mit seinen Holzsandalen immer ein paar Schritte vor mir, ich mit den kurzen Beinen im Galopp hinterher. Die Lesung und das Gespräch liefen gut, alle waren zufrieden. Die Leute brachten die Bücher zum Signieren, auch wollten sie noch ein paar Worte mit mir wechseln. Ich wurde von meinem Begleiter gefragt, ob ich alleine zurück fände, denn er habe hier noch zu tun. Mutig machte ich mich auf den Heimweg. Wieder war ich bewaffnet mit meinem Knirps, den ich fest in der Hand hielt, wild entschlossen, dreinzuschlagen, wenn es nötig wäre, und dem Angreifer zuerst in die Augen zu stoßen.

Von hinten näherte sich mir eine Gruppe junger, lachender Burschen. Ich blieb vor einem Schaufenster stehen und beobachtete in der Scheibe, was geschah. Doch die Jünglinge waren harmlos und zogen vorbei. Ich hatte Durst, aber ich getraute mich nicht mehr, in eine Kneipe zu gehen. Im Hotel gab es ja kein Wasser. Nur noch ein kurzes Stück meines Weges hatte ich vor mir. An einer großen Kirche und einem alten Friedhof mußte ich noch vorbei. Meine Nackenhaare sträubten sich, als ich in der Hecke ein Schreien hörte. Zwei streitende Katzen sprangen heraus, die einander nachsetzten. Ich war heilfroh, als ich die schwere Türe des Hotels hinter mir zuschloß und mir das alte Gemäuer wieder Schutz bot.

Am nächsten Morgen mußte ich wieder reisen. Ich zog Waldi, wie ich meinen Koffer unterdessen nannte, hinter mir her. Mein nächstes Ziel war ein kleiner Ort in der Nähe von München. Am Bahnhof gab es keine Taxen, der Bahnhofsvorsteher mußte erst eins bestellen. „Es kommt gleich", sagte er mir. Das Wetter hatte umgeschlagen, es wehte ein eisiger Wind. Ich wartete in der Kälte eine halbe Stunde, bis endlich das Auto mit dem gelben Schild erschien. „Entschuldigen Sie, ich mußte noch schnell einem Mann einen eingeklemmten Nerv lösen." – „Ah, Sie sind nicht nur Taxifahrer, sondern auch Heiler." Auf der Fahrt erzählte er mir noch alles mögliche von seinen Tätigkeiten. Dann setzte er meinen Koffer neben meine Füße und fuhr wieder weiter, kaum daß ich ihm die Zeit angegeben hatte, zu der er mich am anderen Morgen abholen sollte. Als ich ins Hotel wollte, war die Tür verschlossen. Das durfte doch wohl nicht wahr sein. Ich zog noch einmal meinen Plan hervor, um mich zu vergewissern, daß ich am richtigen Ort sei. Es stimmte alles: Dort stand der Name des Hotels. Ich entdeckte eine Hausklingel und drückte darauf. Eine verschlafene Stimme meldete sich in der Gegensprechanlage. Ich brachte mein Begehren vor. Mein Schlüssel sei von der Buchhandlung abgeholt worden, hieß es, ich solle mich dort melden. „Und mein Koffer? Kann ich den vor der Türe stehen lassen?“ Sie werde mir öffnen, dann solle ich den Koffer in den Vorraum schieben und anschließend den Schlüssel holen gehen. Ich fragte mich durch bis zur Buchhandlung. Zu allem Überfluß spürte ich Laufmaschen an meiner rechten Wade. So mußte ich auch noch einen Laden suchen, der Strumpfhosen führte. Es war schwierig, meine Größe zu finden. Donnerwetter, daß ich vergessen hatte, so etwas einzupacken. Dank einer hilfsbereiten Frau ließ sich das Problem lösen. Auch mußte ich mir etwas zu essen organisieren. Ich kaufte in einem Laden zwei Brötchen, Rohschinken und Milch. Ich zog in das menschenleere Hotel ein, suchte das Zimmer und legte mich ins Bett. Ich schlief den ganzen Nachmittag. Am Abend ging ich zur Lesung. Anschließend wurde ich vom Buchhändler zu einer sehr guten Pizza eingeladen. So war ich wieder ein wenig getröstet. Am anderen Morgen beim Frühstück sah ich zum ersten Mal ein menschliches Wesen in diesem einsamen Haus.

Meine Reise ging weiter nach Stuttgart, wo ich den Sonntag verbringen sollte. Am Montag hatte ich Aufnahmen im Radiostudio. Wieder wurde ich mit meinem Waldi auf dem Gehsteig abgesetzt. Der Eingang vom Hotel war mit einem Rollo verschlossen. Ich stand da und fluchte wie ein Stallknecht.

Das half auch nicht, wohl oder übel mußte ich mir zu diesem ungastlichen Haus Zutritt verschaffen. Seitlich fand ich eine Tür mit einem angeklebten Zettel, ich solle klingeln. Ich harrte der Dinge, die da kommen sollten. Nach etlichem wiederholtem Klingeln hörte ich hinter der Türe Schritte. Endlich durfte ich wenigstens ins Haus. Der Zimmerschlüssel wurde mir ausgehändigt, ein Stadtplan in die Hand gedrückt, begleitet mit den Worten: „Gehen Sie nie abends durch den Park, es ist sehr gefährlich." Nun war ich wieder mir selbst überlassen. Wie die Unschuld vom Lande kam ich mir vor. Am Abend trieb mich der Hunger zur Suche nach einem Restaurant. In der Nähe entdeckte ich einen netten Italiener, bei dem ich mich für die nächsten zwei Tage verpflegte.

Am Sonntag holte mich die Moderatorin vom Radio zu einem Spaziergang ab. Unterdessen war es wieder sehr heiß geworden. Stuttgart war wie ein Kessel, in dem man kaum atmen konnte. Am Nachmittag im Park hatte ich einen kleinen Zusammenbruch. Es drehte sich plötzlich alles vor meinen Augen. Mir fiel ein, daß ich den ganzen Tag noch nichts gegessen hatte. Unterwegs kam ich zu Brot und einer Grillbratwurst. Die Frau wollte mich noch mit in die Stadt nehmen, doch ich hatte nur noch einen Wunsch: Ins Bett.

Am Dienstag ging es weiter in ein kleines liebliches Städtchen in der Nähe von Stuttgart. Freundlich wurde ich von einem jungen Mann von der Bahn abgeholt. Er lud mich zu einer Pizza ein und fuhr mich an einen ruhigen Ort aufs Land. Am Abend zur Lesung wurde ich wieder abgeholt. Überall hingen Plakate von mir, die auf die Lesung hinwiesen, sogar noch an der Kirchentür. Da spürte ich zum ersten Mal auf meiner Reise, daß sie sich auf mich freuten.

Es war immer noch sehr heiß, und es paßte uns gar nicht, ins kleine Theater zu gehen, wo die Lesung vorgesehen war. Vor dem Theater gab es eine kleine Bühne mit vier, fünf Stufen. Die Stühle wurden ins Freie geholt. Bald füllte sich der Platz mit etwa fünfzig Menschen. Auf dem Bühnenrand nahm ich Platz und fühlte mich wie ein Prophet. Ich las eine halbe Stunde aus dem Buch und erzählte aus meinem Leben. Die Leute konnten nicht genug bekommen. Überall im Ausland sind die Menschen sehr erstaunt, daß es in der Schweiz eine solche Armut gegeben hat. Sie glauben, daß mein Fall ein Einzelfall sei und wir hier in der Schweiz alle im Wohlstand lebten. Aber wir leben in keinem Schlaraffenland. Es war an der Zeit, das wahre Gesicht der Schweiz einmal aufzudecken

Die Diskussion zog sich in die Länge, keiner merkte, daß es schon nach 22 Uhr geworden war. Zwei Stunden vergingen im Flug. Müde, aber sehr glücklich schlüpfte ich am Abend ins Bett. Ich hatte das Gefühl, etwas Gutes geleistet zu haben.

Am nächsten Morgen mußte ich schon früh aufstehen. Eine Reise quer durch Deutschland von acht Stunden stand auf dem Plan. Über Sinsheim, Heidelberg, München, Mühldorf nach Pocking. Lange habe ich auf der großen Landkarte gesucht, um eine Ahnung zu haben, in welchem Winkel ich mich befinde. Die Reise ging zuerst flott vorwärts, mit Intercity und Schnellzug, doch je weiter ich aufs Land kam, desto langsamer wurden die Züge. Zuletzt hielt der Zug an jeder Station. Es wurden auch immer weniger Fahrgäste, bis ich zuletzt allein im Wagen saß. Niemanden konnte ich fragen, wann der Ort kommen würde, wo ich aussteigen müßte. Der Zug hatte ziemlich Verspätung, so daß ich mich nicht mehr nach der Zeit richten konnte. Auch die Fenster im Zug ließen sich nur ein Drittel herunterziehen. So konnte ich nie richtig hinausschauen, welche Ortschaft kam. Es blieb mir nichts anderes übrig, als jedesmal auf die Bank zu steigen und meinen Kopf durch den Spalt zu zwängen. Einmal war die Ortschaft rechts, dann wieder links. Über Bewegungsarmut konnte ich mich nicht beklagen.

Am Abend um sechs war ich todmüde, hungrig und durstig im Hotel gelandet. Die Wirtin empfing das ausgelaugte Bündel Mensch, das mit dem Waldi neben ihr stand. Sie holte schnell etwas zu trinken, da schellte auch schon das Telefon für mich. Eine Frau werde mich um 19 Uhr abholen, ich solle bereit sein. Schnell duschen, umziehen, ein Eingeklemmtes hinter die Binde drücken. Kurz noch zu Hause anrufen, ob alles in Ordnung sei. Der Automat wollte die Markstücke nicht annehmen. Es kam mir in den Sinn, daß man das Geld anspucken muß und siehe da, der Automat behielt es. Schon stand ich mit dem pinkfarbenen Buch unter dem Arm abholbereit vor der Tür, wo die Frau mich in ihr Auto packte.

Wir fuhren ziemlich weit in einen Rheuma-Kurort. Ich wurde in einen großen Saal im Kirchengemeindehaus geführt. Viele Leute kamen, ich mußte mich sehr anstrengen. Ich war müde, und dazu mußte ich noch Schriftdeutsch sprechen. Die Leute sagten aber dann, daß sie mein Schweizerdeutsch lieben, und da habe ich wirklich etwas auf Berndeutsch erzählt. Nun hieß es: „Wir verstehen Sie nicht. Sprechen Sie jetzt chinesisch?“ – „Nein, das war jetzt Schweizerdeutsch.“ Klar kann ich kein Hochdeutsch sprechen, aber in der Schriftsprache können sie mich doch verstehen.

Um 24 Uhr kam ich ins Hotel. Ich fragte nach dem ersten Zug. Ja, der fahre so gegen sechs Uhr früh. Erfahrungsgemäß wußte ich, daß ich um diese Zeit nichts zu essen bekommen würde. Ich bestellte einen Lunch zum Mitnehmen. Kurze Zeit später erschien die Wirtin mit einem Eingeklemmten auf einem Teller und einem großen Glas Cola. Ich fragte mich, wie ich das in meiner Tasche unterbringen sollte. Folie konnte ich bekommen, und die Cola trank ich als Morgenessen. Pünktlich um 5.45 Uhr brachte das Taxi mich zum Bahnhof. Um 6.30 Uhr erschien ein altes Schienenauto, das die Fahrgäste ordentlich durcheinander wirbelte. Ich war froh, einen früheren Zug genommen zu haben, sonst wäre ich nie rechtzeitig am nächsten Ort angekommen.

Nach sieben Stunden Reise stieg ich ein wenig benommen aus dem klimatisierten Bahnwagen in die Gluthitze auf dem Bahnsteig. Ein Mann kam auf mich zu. Das pinkfarbene Buch, das der Mann in seiner Hand trug, leuchtete mir von weitem entgegen. Es ist ein schönes Gefühl, wenn man abgeholt wird. Bis ins Hotel wurde ich begleitet. So verwöhnt werde ich nur selten. Auch zur Lesung holten sie mich ab. Ich staunte sehr, als ich die dreihundert Gäste im Biergarten entdeckte. Zudem hatte ich heute meinen 40. Hochzeitstag. Während der Lesung erzählte ich es den Leuten und stieß mit ihnen an. Sie wollten wissen, ob mein Mann auch dabei sei. Da mußte ich sie enttäuschen. Sie verstanden nicht, daß ich meinen Mann zu Hause ließ. Ich erklärte den Gästen, wieso. Wird ein Schriftsteller auf einer Lesung gefragt, ob er seine Frau dabei hat?

Wenn ich auf eine Lesung gehe, bin ich für die Menschen da, die zu mir kommen. Ich will Zeit haben für sie. Viele kommen nach der Lesung zu mir. Sie wollen mit mir sprechen und, wenn es möglich ist, mich schnell einmal anfassen. Sie danken mir für das, was ich ihnen gegeben habe.

Wenn mein Mann dabei wäre, müßte er warten, und ich hätte nicht die Ruhe, Sorgen und Nöte anzuhören. Die Leute wären enttäuscht. Ich habe so schon zu wenig Zeit, für alle dazusein. Ich weiß ja, daß jeder Mensch Sorgen hat und einen Menschen braucht, der ihn versteht, jemanden, der zuhört. Und wenn man einen Rat geben kann, sieht es oft schon besser aus.

Von der Dachkammer ...

Das ist eine Geschichte, die ich noch lange nicht vergessen werde.

Die Einladung zur Lesung kam von einem Frauenbuchladen. Ich war schon im Hotel und hatte mich ein wenig ins Bett gelegt, als es plötzlich heftig an meiner Zimmertür pochte. Da stand eine Frau, die, kaum daß die Türe offen war, auch schon im Zimmer war. Sie wolle mit mir die Lesung besprechen und das Programm. Sie fragte, ob es mir hier gefalle. Gefallen war übertrieben, denn mein Zimmer bestand aus einem alten Bett, das in allen Fugen knarrte, und einem wackligen Camping-Tisch mit fleckigem Tischtuch. Der Stuhl davor war zerrissen und drohte in die Brüche zu gehen, wenn man sich daraufsetzte. Der einzige Luxus war ein kleines Lavabo, um sich zu waschen. Dusche gab es keine, Toilette war auf dem Gang und für alle Zimmer bestimmt. Ich sagte ihr, daß ich ausdrücklich ein nettes Zimmer bestellt hätte und keine Bruchbude. Den anderen Schriftstellerinnen habe es hier gefallen, hieß es. Aber ich war nicht die anderen, ich war ich. Erinnerungen an meine Dienstmädchenzeit kamen hoch, als man mit mir noch alles machen konnte. Ob ich in ein anderes Hotel gehen wolle? „Das ist jetzt zu spät, Sie hätten vorher daran denken müssen.“ Die Begegnung mit dieser Frau stand unter einem schlechten Stern. Ich mußte mich zusammenreißen, um freundlich zu bleiben, denn ich hatte ja am Abend zu lesen. Bevor sie mit ihrer umgehängten Tasche abrauschte, sagte sie noch, sie werde mich am Abend abholen.

Wie gewohnt gab es hier auch keine Möglichkeit, etwas zu essen, zudem lag die Pension in einem Außenquartier, und es war auch kein Laden vorhanden. Müde und abgespannt stand ich am Abend vor der Pension. Da saß wieder ein Unsichtbarer auf meiner Brust, ich konnte nicht atmen. Auch knurrte mein Magen. Meine Abholerin erschien nicht mit einem Auto, wie ich erwartet hatte, sondern mit einem vorsintflutlichen, rostigen Fahrrad. Mit langen Schritten eilte sie vor mir her, ich, nach Atem ringend, keuchte hinterdrein. Zeitweise wurde mir schwarz vor den Augen. Der Weg war unendlich lang. Ich schaffte es mit einer unwahrscheinlichen Willenskraft, in der Bibliothek anzukommen. In einem wunderschönen Saal sank ich erschöpft auf den Rokokosessel. Ich mußte mich wahnsinnig zusammenreißen, um nett zu sein und es noch fertigbringen, zu lächeln und zu strahlen.

Wirklich gelang mir ein sehr guter Vortrag, die Leute waren begeistert und des Lobes voll. Ich wurde eingeladen, mit ihnen noch etwas zu trinken. Eine andere Frau vom Buchladen versprach mir, mich mit ihrem Auto bis zum Restaurant mitzunehmen. Ich mußte auf der Steuerseite ins Auto klettern, weil sie die andere Türe nicht öffnen konnte. Sie sagte, die Türe würde sonst abfallen, weil der Renault total verrostet war. Die Hauptsache war, das Vehikel fuhr. Weil es schon nach 22 Uhr war, bekam ich im Restaurant nur noch ein Eingeklemmtes. Kurz nach 23 Uhr verließen wir das Restaurant wieder. Ich hoffte, daß ich mit dem Rosthaufen zurückfahren könnte. Doch die Frau mußte nach Hause, um nach ihren Kindern zu sehen. Also war ich wieder auf meine eigenen Beine angewiesen. Die andere Frau begleitete mich durch nächtliche Straßen. Ich hatte das Gefühl, daß ich die Pension nie mehr erreichen würde. Es ist unheimlich, wenn man nicht atmen kann. Vor der Tür der Pension standen zwei betrunkene Männer, die versuchten, den Schlüssel ins Türschloß zu stecken, was ihnen aber nicht gelang. Ich fragte die Männer, ob sie am richtigen Ort seien. Sie wiesen mir den Schlüssel vor und lachten. Ich schloß auf und ließ die beiden ins Haus. Schnell verschwand ich auf der Treppe, um mich im Zimmer einzuschließen. Lange hörte ich die zwei im Gang kichern und plappern. Auf die Toilette getraute ich mich noch lange nicht, denn im Nachthemd durch den Gang zu geistern war nicht sehr angenehm. Am nächsten Morgen beim Frühstück leisteten mir zwei Pudel, vier Wellensittiche und ein Papagei Gesellschaft.

... in die Suite

Es hagelte nur so von Einladungen für Fernsehen, Radio und Lesungen. Diesmal stand Mainz auf dem Programm. Weil es ein Wochenende war, entschloß sich mein Mann, mit mir zu fahren. Gegen Abend wurden wir im Hotel abgeholt. Ich mußte eine Stunde vor der Sendung im Studio sein. In der Maske wurde ich zurecht gemacht, um im Scheinwerferlicht nicht zu glänzen. Wenn es heiß ist und der Schweiß aus allen Poren fließt, rennt der Maskenbildner mit seiner Puderquaste ständig hinter einem her. Die Moderatorin war ziemlich aufgeregt, viel mehr als ich; es war eine Live-Sendung. Mir wurde auf der kleinen Bühne ein Platz zugewiesen. Ich wurde aufmerksam gemacht, in welche Kamera ich zu schauen hätte, während ich sprach. Was für Fragen man mir stellen würde, war mir unbekannt. Mir stand noch viel Zeit zur Verfügung, um mich gründlich im Studio umzusehen. Hinter mir hing ein riesengroßes Bild mit einer unheimlich dicken Frau ohne Kopf. Gnade mir Gott, was wird da auf mich zukommen? Ich fand die ganze Aufmachung äußerst geschmacklos, worauf ich die Bühnenbildnerin auch ansprach. Die Frau war erstaunt. Sie hatte das Gefühl, daß ihre Auswahl gelungen sei. Das Bild stamme von einer Schweizer Künstlerin. Die Moderatorin regte sich auch über das Bild auf.

Vielleicht war das der Grund, daß wir zwei Frauen nun zusammenhielten und eine gute Sendung gelang.

Am folgenden Mittag fuhren wir nach Baden-Baden, wo ich zu einer Talkshow mit namhaften Gästen eingeladen war. Mit dem Taxi fuhren wir ins Hotel. Unsere Augen wurden immer größer, als wir vor dem Parkhotel standen. Vor dem Portal wurden wir von einem Pagen abgeholt, der den Koffer nahm und uns aufs Zimmer führte. Es war ein riesiges Zimmer mit großem Balkon. Eine Gondel von einem Bett, in dem man versank, wenn man sich hineinlegte. Wunderschöne Stilmöbel, auf dem Tisch standen Blumen, die ich sogar mit nach Hause nehmen durfte. Auch Früchte fehlten nicht. Telefon beim Bett, auf dem Schreibtisch, im Bad und auf der Toilette. Vom Bad träumen wir heute noch: weißer Marmor, eine runde Badewanne, zwei Brünnchen. Eine Tür ging in die Toilette, eine in die Dusche, die größer war als unser Bad zu Hause. Ringsum alles Spiegel, eine Heizschlange, auf der Badetücher vorgewärmt wurden. Ich könnte noch lange aufzählen, was man da alles vorfand. Ich sah Otto auf einen Sessel sinken. Er zuckte sein Portemonnaie, um nachzuzählen, ob das Geld wohl reichen würde, um die Herrlichkeit zu bezahlen.

Am Abend war die Sendung. Wir Gäste wohnten alle im gleichen Hotel und wurden zu einem

Apéro eingeladen. Die Fernsehleute waren alle sehr nett zu mir und behandelten mich, als sei ich etwas Besonderes. Ich wurde im Auto in die Villa gefahren, wo die Sendung stattfand. In einem Halbkreis standen Sessel, auf denen wir unsere Plätze zugewiesen bekamen. Aber wie sollte ich mich hinsetzen? Ganz nach hinten? Unmöglich, da würde man nur noch meinen Busen sehen. Auch waren die Oberschenkel zu kurz, die Beine schauten gerade nach vorne. Ich beobachtete die anderen. Alle hatten lange Beine, die sie übereinanderschlugen. Ich versuchte alles mögliche. Man suchte nach einem Kissen, das man mir in den Rücken stopfen könnte. Im ganzen Haus gab es kein Kissen. Es blieb mir nichts anderes übrig, als mich ganz nach vorne zu setzen. In dieser unmöglichen Haltung mußte ich unter starken Schmerzen in Knien und Rücken zwei Stunden aushalten.

In der Woche nach der Sendung erhielt ich etliche Anrufe von Leuten, die mir Ratschläge geben wollten, wie ich mich hinzusetzen hätte. Wie ich mich kleiden solle, schwarzer Jupe und weiße Bluse stehe mir am besten und mache mich auch schlanker. Auch solle ich mir am Hinterkopf die Haare toupieren lassen, sonst sehe mein Kopf von der Seite zu flach aus, und wer etwas verstehe von Kopfformen, müsse annehmen, daß ich dumm sei. Mit meinen Zähnen müsse auch etwas geschehen. Und noch vieles mehr. Wißt ihr was? Ihr könnt mir alle mal! Was ich will und muß, weiß ich selber. Wenn ich auf jede Meinung hören wollte, müßte ich bis zuletzt nackt vor dem Fernseher stehen.

Drögeler

Wie immer stand ich auch heute 15 Minuten zu früh am Bahnhof und ließ mir von den Zügen, die durch den Bahnhof donnerten, die Frisur demolieren. Ich brauche Zeit, um in Ruhe eine Reise anzutreten. Der Lokführer fuhr ungewöhnlich weit nach vorne, so daß ich im hintersten Wagen einstieg. Kaum hatte ich es mir gemütlich gemacht, stand ein junger Bursche neben mir. Sofort merkte ich, daß mit dem Jungen etwas nicht stimmte. Es kam mir vor, als sei er in einem leichten Rausch. Aber das schon am Morgen? Der Mann fragte mich nach meinem Namen. Freundlich gab ich Auskunft. Der Bursche sagte, er heiße Dani und sei 19 Jahre alt. Er musterte mich von oben bis unten und sagte: „Du bist eine schöne Frau, und ich stehe auf so Frauen." Damit fielen auch schon seine Hosen. Erschrocken faßte ich meine Tasche und ging wortlos an dem Mann vorbei, zwei Wagen nach vorne. Es dauerte nicht lange, da stand der Bursche wieder neben mir. Doch ich wollte nichts mehr von ihm wissen und schickte ihn mit energischer Stimme weg. Der Kerl war hartnäckig. Er wollte nicht gehen. Er versprach, die Hosen jetzt oben zu lassen. Ich traute ihm nicht, wollte ihn nicht mehr bei mir haben. Da fing er an, nach mir zu schlagen. Bis kurz vor meine Nasenspitze sauste seine Faust. Er traf mich nicht. Ich spürte plötzlich eine unheimliche Stärke in meinem Rücken. Mit messerscharfen Augen schaute ich den Burschen an und sagte: „Dich fürchte ich nicht." Leute aus dem nächsten Abteil kamen mir zu Hilfe. Sie schickten den Burschen weg.

Bei der Billetkontrolle berichtete ich dem Kontrolleur von dem Vorfall. Er fragte nur, ob das auch wahr sei. Das ärgerte mich viel mehr als der Zwischenfall selbst. Die Leute, die mir zu Hilfe gekommen waren, kannten mich und erstatteten ihrerseits Bericht an den Kontrolleur. Ich versuchte mich abzuregen und las in einem Buch. Nicht lange hatte ich Ruhe. Der Kontrolleur stand mit dem Burschen plötzlich wieder neben mir. Unterdessen hatte es sich auch im Zug herumgesprochen, wer ich bin. Der Bursche, Dani, entschuldigte sich bei mir. Wie ein Häufchen Elend saß er mir gegenüber und sagte immer wieder, es tue ihm leid, ob ich es ihm verzeihen könne. Er streckte mir die Hand entgegen und schaute mich mit seinem blaugeschlagenen Auge flehentlich an. Wir drückten uns die Hand. Auf einmal war aller Zorn aus mir gewichen, und der Junge tat mir leid. Ich fragte ihn, warum er das gemacht habe. Er antwortete: „Ich wollte jemanden ärgern." Und immer wieder kamen die Worte aus seinem Mund: „Verzeihen Sie mir." Er habe doch nicht gewußt, daß ich eine bekannte Schriftstellerin sei.

Der Bursche rückte nun heraus mit der Sprache. Er sagte, er habe große Probleme. Ich fragte nach, was das für Probleme seien. Er sei Drögeler, dazu schimmerten Tränen in seinen Augen. „Du tust mir leid", sagte ich. „Kommst du nicht mehr von den Drogen los?" – „Nein." Der Bursche konnte nicht mehr sprechen, die Tränen erstickten seine Stimme. Wie ein geschlagener Hund verschwand er im nächsten Wagen. Der Kontrolleur entschuldigte sich auch noch bei mir. Er habe doch nicht gewußt, wer ich sei.

Muß man jemand sein, damit einem geglaubt wird? Als gewöhnliche Frau hätte ich gar keine Chance gehabt. Die ganze Geschichte aber hat mich noch tagelang verfolgt. Ich fragte mich immer wieder: Warum hat der Bursche nach mir geschlagen? Was habe ich falsch gemacht? Hätte ich ihn nicht wegschicken dürfen?

Kairo

Mit einem Händedruck und einem Kuß verabschiedete ich Otti und Walter, meinen Verleger, und schon war ich weg. Unten an der Rolltreppe vom Flughafen Kloten erinnerte ich mich, daß ich vergessen hatte, meinen zwei Begleitern noch einmal zuzuwinken. Als ich mich umdrehte, waren sie meinem Blick entschwunden. Eine kleine Wehmut war in meinem Herzen.

Etwa ein halbes Jahr zuvor hatte mich Walter eines Abends angerufen. Er fragte, ob ich mit ihm nach Ägypten komme. Wir hätten eine Einladung von der Pro Helvetia. Ohne lange zu überlegen, sagte ich zu. Dann erzählte ich Otti im Wohnzimmer, daß ich im Herbst nach Kairo fahre. Otto machte große Augen und fragte: „Allein?“ – „Ja, mit Walter.“

Dann blieb es still. Lange hörte ich nichts mehr. Ich glaubte selber nicht mehr daran, bis ich einen Brief aus Kairo erhielt. Der Termin wurde auf den 1. November gelegt. Da sei auch das Klima für Europäer erträglich. Alles war schön vorbereitet. Ich freute mich sehr, eine Woche mit meinem Verleger zu verbringen und endlich einmal Zeit zu haben, mit ihm zu sprechen. Wenn ich ihn anrufe, mache ich mir immer einen Spickzettel, um nicht zu vergessen, was ich sagen will. Manchmal rufe ich zweibis dreimal an, bis ich den Überbeschäftigten am Draht habe. Das Gespräch verläuft fliegend, zurück bleibt ein schlechtes Gewissen, ihn gestört zu haben. Natürlich ist für mich eine Betreuerin da, die meine Arrangements bearbeitet, aber manchmal brauche ich meinen Manager selbst. Kurz vor der Abreise nach Kairo eröffnete Walter mir, daß er nicht mitkommen könne. Ich müsse alleine gehen. „Was! Ich allein so weit weg in ein fremdes Land? Walter, du hast wohl nicht mehr alle Tassen im Schrank!“ Er habe Sorgen im Verlag, es brauche ihn dringend im Verlag. Es liege nicht drin zu verreisen. Trotz allem hatte ich das Gefühl, daß ich jetzt gehen müßte, sonst würde ich Ägypten nie mehr sehen.

Ich hetzte durch den Flughafen, Treppe hoch, Treppe runter. Es war ein ganz anderer Sektor als der, den ich kannte. Endlich war ich am Zoll angelangt. Ohne Schwierigkeiten konnte ich passieren, denn ich war unterdessen spät dran. Hinter der Paßkontrolle fragte ich einen Angestellten des Flughafens nach dem Weg. Er sagte: „Wenn Sie geradeaus gehen, kommen Sie direkt in die Stadt.“ – „Ja, um Gottes Willen, ich will gar nicht in die Stadt, sondern in die Luft, und das mit dem Flugzeug.“ Ich zeigte ihm mein Ticket. Der Mann klaubte einen Schlüssel aus der Hosentasche und schloß eine verbotene Tür auf. Mit im Hals klopfendem Herzen eilte ich durch und auf den rechten Weg. Wieder ging es durch den Zoll und die Kontrolle. Zu allem Überfluß piepste auch noch der runde Magnet, als die Frau über meinen Körper strich. Natürlich waren es die Schnallen am BH-Träger. War ich froh, daß die Frau es glaubte und mich passieren ließ, denn die Uhr blieb nicht stehen. Donner und Doria, wenn das Flugzeug ohne mich abflog! Meine Nerven waren zum Zerreißen gespannt, als ich im Bus auf einen Sitz sank. Ob die Kollegin, ich nenne sie Mili, die auch nach Ägypten eingeladen war, hier war? Bald kam mir eine lächelnde, junge, hübsche Frau entgegen. Sie erkannte mich sofort. Die Flugzeugtür öffnete sich, und wir konnten einsteigen, es war eine ägyptische Maschine. Noch nie war ich im Bauch eines so großen Flugzeugs gewesen. Unser Platz war in der hintersten Reihe. Es war eine Wohltat, reichlich Platz zu haben, denn Aufregungen hatte ich schon genug. Auch um das Ticket hatte ich bangen müssen. Erst am Abend vor meiner Abreise kam es per Expreß bei mir an. Kaum eingestiegen, rollte das Flugzeug los. Mit großem Genuß erwartete ich den Moment, daß das Flugzeug abhob. Für mich ist das etwas vom Schönsten. Doch Mili teilte meine Ansicht nicht, sie hatte Angst. Wie zwei Verschworene hielten wir uns an den Händen. Fast fünf Stunden blieben uns, um uns ein wenig kennenzulernen, und schon bald verstanden wir uns sehr gut. Ich freute mich auf den Aufenthalt mit ihr in Kairo.

Um 20.30 Uhr landeten wir in Kairo. Unsere Augen suchten die Betreuerin. Doch nirgends war jemand, der uns kannte. Wir versuchten, durch den Zoll zu kommen. Mili sprach zum Glück Englisch. Kein Mensch sprach hier Deutsch und ich weder Ägyptisch noch Englisch. Am Zoll verstand Mili, daß wir Geld wechseln und ein Visum lösen mußten, ein Formular ausfüllen, das kein Mensch lesen konnte. Wir gaben uns als Touristen aus, denn unser Vorhaben zu erklären, wäre viel zu kompliziert gewesen. So gelangten wir mit unserem Koffer schlußendlich an den Ausgang. Dort wurden wir von unserer Betreuerin empfangen. Mein Koffer hatte Räder, und ich fuhr damit durch die Sperre. Doch auf einmal konnte ich ihn nicht mehr ziehen. Er kam einfach nicht nach. Ich schaute zurück und sah, daß ein Mann das Gepäckstück am Henkel festhielt und davontragen wollte. „Halt", rief ich. Der Mann erschrak und ließ ihn los. Der Dunkelhäutige entschuldigte sich, offenbar hatte er den falschen Koffer erwischt. Er griff nach einem anderen Gepäckstück, das nun ihm gehörte. Das wäre noch schöner gewesen, wenn ich seinen Koffer gehabt hätte, mit seinen langen Röcken und Turbanen. Dazu wären sie mir zu eng gewesen, der Mann war sehr dünn.

Wir wohnten in einem alten englischen Hotel. In meinem Zimmer waren zwei riesengroße Betten, englische Möbel. Auf dem Schreibtisch lag eine

Kerze bereit. Es komme hier öfter vor, daß sie Stromausfall hätten. Auch ein großer Balkon mit Sicht auf den Nil stand mir zur Verfügung. Ich wagte einen Blick über das Geländer im sechsten Stock. Die Menschen, die sich unter mir auf der Straße bewegten, sahen aus wie Zwerge.

Nach dem Nachtessen schlüpfte ich ins Bett. Ich konnte mich lang oder quer legen, so groß war es. Müde schloß ich die Augen und wollte schlafen. Der unheimliche Straßenlärm ließ mich keine Ruhe finden. Ständiges Hupen und rasende Motoren raubten mir den Schlaf. Die Fenster an dem alten Kasten waren nicht dicht. Unterhalb von dem Hotel ankerte ein Vergnügungsschiff. Östliche, scheppernde Musik tönte herauf. Zum x-ten Mal erhob ich mich wieder. Ich stand am Geländer vom Balkon und schaute dem Wahnsinnsgetriebe unter mir zu.

Am Morgen ließ ich mir das Frühstück aufs Zimmer kommen. Gemütlich aß ich auf dem Balkon in den Rohrmöbeln und schaute auf den Nil. Gegen Mittag trafen wir uns mit unserer Betreuerin im Hotelrestaurant, und schon war die erste Reporterin da. Es wurde viel in ägyptischen Zeitungen über Mili und mich geschrieben. Ich brauchte dauernd jemanden zum Übersetzen.

Am Abend waren wir beim Schweizer Botschafter eingeladen. Wir fuhren ziemlich weit mit dem Auto durch die Siebenmillionenstadt. In einer prächtigen Villa wurden wir empfangen. Das Haus wurde ringsum von Militär bewacht. Es wäre aber keine Kunst gewesen, hier einzudringen, weil die jungen Soldaten meistens in ihren Wachhäuschen saßen und mit dem Gewehr auf dem Knie schliefen.

Immer mehr Leute trafen im Garten des Botschafters ein. Vor allem Schriftstellerinnen und Schriftsteller aus Ägypten, auch der Mann, der ein Kapitel aus meinem Buch ins Ägyptische übersetzt hatte. Er sprach gut Deutsch, so hatte ich wenigstens einen Gesprächspartner. Auch Universitätsprofessoren waren anwesend. Meine Freude war sehr groß, als mein Ohr schweizerdeutsche Worte streichelten. Ein Arztehepaar aus Zürich begrüßte mich mit den Worten: „Frau Buri, das hätten wir nicht erwartet, Sie hier kennenzulernen." Der Abend zog sich in die Länge. Am Teich konnte ich den Stengel einer verblühten Lotusblüte bewundern. Zu gerne hätte ich die edle Blüte gesehen. Trotz später Stunde war das Gras im Garten ganz trocken, es gab hier keinen Tau in der Nacht. Auch konnte man hier im Garten besser atmen. In der Stadt lag ein Dunst, eine Smogglocke.

Am nächsten Morgen besuchten wir die Kairoer Universität. Im Direktionszimmer war der Empfang, mit Begrüßung des Direktors und der Professoren. Kaffee und Kuchen wurden serviert. Anschließend wurden wir in den Hörsaal geführt, wenn man so sagen kann. Am Boden fehlten einige Bodenplatten, man mußte aufpassen, nicht in ein Loch zu treten. Das einfache Lehrerpult strotzte vor Schmutz. In den Bänken saßen Frauen mit Kopftüchern und braunen oder blauen langen Röcken. Die Gesichter waren frei und ohne Schleier. Erwartungsvoll wurden wir zwei Europäerinnen aus dunklen Augen gemustert. Mili fand, daß ich zuerst lesen sollte. So setzte ich mich auf den wackeligen Stuhl und fing langsam und jeden Buchstaben betonend an, aus meinem Buch vorzulesen. Es war mäuschenstill im Raum. Als ich meine Rede geschlossen hatte, erschrak ich, denn tosender Applaus brach los. Die Mädchen donnerten mit ihren kleinen Fäusten auf den Pultdeckel wie auf eine Trommel. Das Klopfen nahm kein Ende. Nach der Lesung wurden Mili und ich von den Mädchen beschlagnahmt. Sie wollten mit uns sprechen. Die Mädchen sprachen sehr gut Deutsch. Sie waren an der deutschen Fakultät, und Deutsch war ihr Hauptfach.

Am Dienstagabend rief ich Otto an, er hatte Angst um mich. Am Flughafen hatte er mir noch versichert, daß ich nicht jeden Tag anrufen müsse, das sei sehr teuer, aber am Telefon meinte er dann, ich solle nicht immer alles so ernst nehmen, was er sage.

Am Mittwoch morgen traf ich meine zwei Freunde in der Hotelhalle, Philipp, den Reporter, und Kurt, den Fotografen von der *Schweizer Illustrierten.* Extra wegen mir waren sie nach Kairo gereist. Es gab eine sehr herzliche Begrüßung. Ich mag die zwei Männer und fühlte mich sehr wohl in ihrer Begleitung. Die beiden übersetzten alles für mich, sie sprachen gut Englisch. So bekam ich vieles mit, was mir sonst verborgen gewesen wäre.

Vor dem Hotel bestiegen die zwei Männer und ich ein schmuddeliges Taxi. Es grauste mich, die Hände abzulegen. Wir fuhren zu der El-Ashar-Universität in die germanische Abteilung. Mili und ich hatten da wieder eine Lesung. Die Universität sah hier sauberer aus. Auch der Hörsaal war viel größer, und es waren über hundert Studenten da. Wieder das gleiche Zeremoniell wie beim letzten Mal. Als ich vorne saß und die vielen dunklen Augen auf mich gerichtet sah, wurde es mir ein wenig komisch im Magen. Auch hier kamen die Studenten nach der Lesung zu uns und wollten ein Autogramm ergattern und mit uns sprechen.

In Ägypten hatte ich ein gewaltiges Erlebnis: Ich fühlte mich wohl wie noch nie in meinem Leben, denn als korpulente Frau war ich angesehen, geachtet und verehrt. Ich galt als wohlhabend, eine Frau, die genug zu essen hat. Überall wurde ich angelächelt, und wohlgefällige Blicke wurden mir zugeworfen. Einmal durfte ich das erleben, was für Schlanke bei uns an der Tagesordnung ist. Auch der

Taxifahrer, ein Palästinenser, der vor zwanzig Jahren nach Kairo geflüchtet war und sogar ein Studium hinter sich hatte, war ein wenig in mich verliebt. Wenn ich das Hotel verließ, kam er angerast, um mir die Autotüre zu öffnen, und er schloß sie wieder, wenn ich eingestiegen war. Er behandelte mich wie eine Königin. Wenn wir abgefahren waren, zeigte er mit dem rechten Zeigefinger auf seine beiden Augen. Das bedeutet: Ich schaue nach dir und behüte dich.

Um 15 Uhr des selben Tages stand ein Lunch mit ägyptischen Schriftstellerinnen auf dem Programm. Es war beeindruckend, alle kannten mich. Mir stand eine Dolmetscherin zur Verfügung, so daß ich mich glänzend mit einer älteren Dame unterhalten konnte. Es war eine Frau, die schon mehrere Bücher geschrieben hatte, welche zum Teil auch verfilmt worden waren. Gut ein Dutzend Frauen saß um den Tisch, und fast alle hatten zumindest einmal im Gefängnis gesessen. So habe ich viel erfahren an diesem Nachmittag.

Gegen Abend hatte ich noch einen Fototermin. Wir nutzten die Abendsonne. Kurt gelangen noch einige gute Aufnahmen. Ich war richtig froh um meine zwei Begleiter.

Nachdem ich mich überzeugt hatte, daß zu Hause alles in Ordnung war, schlüpfte ich in meine englische Gondel, in der Hoffnung, einmal wieder schlafen zu können. Der Lärm aber machte mich halb verrückt. Als ich endlich Ruhe fand, rasselte das Telefon. Schlaftrunken hob ich den Hörer ab und meldete mich. Aus der Muschel französisches Gefasel. „Ici Mustafa“, und ein Schwall Worte, die ich nicht verstand. „No parle vu France, no parle vu Englisch“, ich hängte den Hörer auf. Kaum war ich eingekuschelt, schellte es von neuem. „Ist Mustafa.“ – „Laß mich in Ruhe“, ich legte den Hörer auf den Apparat. Kaum hatte ich aufgehängt, läutete es schon wieder. „Rutsch mir den Buckel herunter“, aber das schien der lästige Kerl auch nicht verstanden zu haben. Ich schlüpfte aus dem Bett, um mich zu versichern, daß ich die Türe gut abgeschlossen und die Kette vorgelegt hatte. Kaum beim Bett angelangt, schellte es schon wieder. Ich hob den Hörer ab und legte ihn wieder auf, ohne Antwort zu geben. Doch das Läuten hörte nicht auf. Da entschloß ich mich, den Hörer neben den Apparat zu legen. Einen so hartnäckigen Kerl hatte ich noch nie erlebt. Immer wieder war es Mustafa.

Am Donnerstag morgen hatte ich einen Fototermin. Philipp und Kurt traf ich beim Frühstück. Wir wollten auf den Basar in die Stadt. Der Taxifahrer stand wie gewohnt vor dem Hotel mit seinem Rosthaufen. Innen war das Auto ausgeschlagen mit Fellimitation, und das war grausam schmuddelig. Ich krampfte meine Hände ineinander, um nichts anzurühren.

Der Taxifahrer begleitete uns auf den Basar. Ich schwärmte von den bunten Röcken der Ägypterinnen und wollte mir etwas ähnliches kaufen. Der Taxifahrer führte uns zu einem kleinen Lädchen, wo es so etwas gab. Mitten auf der Straße wurde Anprobe gehalten. Der Taxifahrer half mir dabei und schaute, ob der Rock saß. Vorher hatte er bei mir Maß genommen. Ich durfte erst in ein Kleidungsstück schlüpfen, wenn er überzeugt war, daß es passen würde. Nun kam das Handeln. Die beiden, der Krämer und der Taxifahrer, feilschten hin und her, bis der Fahrer glaubte, daß der Preis annehmbar sei. Um die 25 Franken bezahlte ich für den Rock. Den Plastiksack mußte ich auch nicht tragen, das übernahm der Fahrer.

Es war eigenartig, ich hatte das Gefühl, diese engen Gassen, die winzigen Läden, den Geschmack von Myrrhe und Weihrauch zu kennen. Mein Herz klopfte bis zum Hals. Ich war doch noch nie in einem orientalischen Land gewesen. Was war das? Warum war mir so eigenartig ums Herz? Auch die Menschen waren mir sehr vertraut, und ich fühlte mich stark zu ihnen hingezogen. Wenn ein paar Frauen auf dem Boden saßen, in ihren schwarzen Gewändern und Kopftüchern, mußte ich mich richtig beherrschen, daß ich mich nicht zu ihnen setzte.

Ich fühlte mich wohl zwischen Eselskarren und Gewürzläden. Die Ägypterinnen mußten meine Zuneigung gespürt haben. Eine Autorin sagte zu mir: „Rosmarie“, sie nannten mich immer beim Vornamen, „Sie haben die Sonne nach Ägypten gebracht. Bleiben Sie doch bei uns. Wir brauchen Frauen wie Sie, mutige, tapfere Frauen.“ Obwohl ich ein Glücksgefühl verspürte, endlich einmal ganz und gar anerkannt zu sein, auch mit meinem Körper, konnte ich mir nicht vorstellen, hier zu leben. Zuviel verbindet mich mit meiner Heimat und meinen Lieben zu Hause.

Der Taxifahrer führte uns den Hügel hinauf zu der Zitadelle. Ein Stück mußten wir noch zu Fuß gehen. Wieder begegnete ich vielen wohlgefälligen Blicken. Ein tiefer Blick in meine Augen, ein freundliches Lächeln, und der Augenblick der Begegnung war vorbei.

Der Platz hinter der Moschee bietet im Westen eine Aussicht über ganz Kairo. Im Hintergrund sollte man die Pyramiden erkennen können, doch das war alles in einen starken Dunst gehüllt. Ich setzte mich mit den anderen an den Brunnen im Innenhof der Moschee. Mund, Nase, Hände und Füße mußten dort symbolisch gereinigt werden. Aus den Hähnen, die rings um den Brunnen angebracht waren, floß kein Wasser. Meine Fußsohlen hätten durchaus eine Waschung nötig gehabt, die waren schon ganz schwarz, denn meine Sandalen waren wohl versorgt in einem dafür angebrachten Schuhgestell bei der Pforte. Auch war ich froh um meine langen Röcke und Blusenärmel, da Beine und Arme nach moslemischem Glauben bedeckt sein müssen. Ehrfürchtig betrat ich die Moschee. Vergebens suchte ich nach einem Stuhl. Der Fahrer erklärte uns alles. Am Boden lagen Teppiche. In Gruppen saßen die Menschen am Boden, wenn möglich im Schneidersitz. Doch den Sitz hätte ich vorher üben müssen. Ich zog es vor, mit ausgestreckten Beinen auf dem Teppich zu sitzen. Ein Kranz von Lichtern über dem Haupt verhieß mir Sicherheit und eine unendliche Geborgenheit. Etwas Gewaltiges, Unaussprechliches passierte unter der mächtigen Kuppel der baufälligen Moschee.

Auf dem Weg ins Hotel begegneten wir immer wieder kleinen Gaststätten, in denen Männer auf wackligen Stühlen im Freien saßen und am Schlauch der Wasserpfeife sogen. Die Augen halb geschlossen, dösten sie in den Tag hinein. Sie wurden nur fünf mal am Tag lebendig, wenn der Lautsprecher von den Moscheen ertönte und der Muezzin die Gläubigen mit monotoner Stimme zum Gebet rief. Der Fahrer zeigte uns auch das Quartier mit den Drogenabhängigen. Leider gab es sie auch hier.

Im Hotel angekommen, bestellte ich zuerst eine große Flasche Mineralwasser, denn ich konnte kaum noch sprechen. Die Kehle war mir zugeklebt und die Lippen rissig. Mit meinen zwei Beschützern aß ich noch etwas. Müde von den Strapazen und der Hitze legte ich mich lang ausgestreckt auf mein Riesenbett. Ich war eingeschlafen, als das Telefon ratterte. Es war schon wieder Mustafa. Ich wünschte den Kerl ins Pfefferland. Als er nicht aufgab, anzurufen, legte ich den Hörer neben den Apparat. Es ging nicht lange, da klopfte es an der Tür. Von Schlafen war keine Rede mehr. So versuchte ich, mich zu entspannen und in den Tag zu träumen. Gegen Abend setzte ich mich auf den Balkon und schaute der untergehenden Sonne zu. Erneut klopfte es an meine Tür. Das Zimmermädchen brachte mir frische Rosen und stellte sie mir auf den Balkon. Sie wollte mit mir sprechen. Leider verstand ich sie nicht, was ich sehr bedauerte.

Um 18.30 Uhr wurden wir zu einem Podiumsgespräch im Hotel abgeholt. Im Auto zwängten wir uns durch die Blechlawine in ein Außenquartier, wo wir erwartet wurden. Es dauerte noch lange, bis alle auf den Plätzen saßen. Ein Professor, den ich schon kannte, führte die Gesprächsrunde und übersetzte alles in Deutsch. Ägyptische Schriftstellerinnen waren anwesend, nur ein Mann war am Gespräch beteiligt. Wir mußten uns vorstellen und sagen, was wir geschrieben hatten. Die Schriftstellerin neben mir zählte all ihre Studien auf. Donner und Doria, was sagte nun ich? Etwa, ich sei eine Unschuld aus dem Emmental, und ich habe einfach ein Buch geschrieben? Irgend etwas mußte ich sagen, mein Gehirn arbeitete auf Hochtouren. Als ich an der Reihe war, sagte ich: „Ich kann mit keinem Studium aufwarten, ich war einfach viele Jahre Mutter.“ Weiter kam ich nicht, denn ein tosender Applaus brach los. Auf einmal gab es einen fürchterlichen Lärm, als ob jemand mit den Fäusten an die Fensterscheiben trommeln würde. Alle Augen schauten auf die Lampe an der Decke, die hin und her baumelte. Zuerst wußte ich nicht, was da passiert war, doch bald wurde mir klar, das mußte ein Nachbeben sein. Die Leute nahmen keine große Notiz davon und sprachen weiter.

Am nächsten Morgen hieß es schon um sechs Uhr aufstehen, denn wir drei hatten Großes vor. Im Taxi fuhren wir nach Gizeh zu den Pyramiden. Ein Freund hatte mir gesagt, wenn ich in Ägypten sei, so müsse ich unbedingt einmal auf einem Kamel reiten. Davon war ich nicht sofort überzeugt. „Das kann doch nicht gut gehen“, wehrte ich mich, „das Kamel bekommt bestimmt Plattfüße, wenn nicht sogar krumme Beine.“ Mir wurde versichert, daß Kamele gewohnt seien, schwere Lasten zu tragen, und ich dürfe getrost auf den Rücken des Tieres klettern. Bis ich dort war, war ich mir noch immer nicht ganz sicher, ob das wirklich klappen würde. In Gizeh angekommen, standen ein paar Dromedare bereit und warteten auf Reitgäste. Meine Begleiter verhandelten mit einem Mann mit dickem Bauch und speckigem Gesicht. Bald war der Handel abgeschlossen, und ich wurde zu einem Dromedar geführt. Das Tier wurde böse, wenn jemand in seine Nähe kam. Es riß beängstigend den Mund auf und zeigte seine gelben Zähne, brüllte, daß mir angst und bange wurde. Brutal wurde das Tier gebändigt. Und auf dieses Ungeheuer sollte ich steigen? Das war doch ein wenig viel verlangt. Ich ging ein paar Schritte rückwärts. Bald hatten die Männer das Tier soweit, daß es in die Knie ging. Der Speckige nahm mich am Arm und befahl mir aufzusteigen. Wie um alles in der Welt sollte ich da hinaufkommen, denn es war immer noch sehr hoch? Ich erwartete eine Leiter. Man bedeutete mir, mit dem linken Fuß in einen Steigbügel zu treten. Mit Mühe erreichte ich den Bügel. Auf der anderen Seite hielt ein Mann den Sattel fest, denn das ganze Zeug war sehr locker auf den Dromedarrücken geschnallt. Mit einem Ruck saß ich oben. Niemand sollte über mich lachen, wenn ich es nicht schaffte, auf das Tier zu steigen. Mir wurde befohlen, mich festzuhalten. Dann setzte sich das Wüstenschiff in Bewegung. Es gab einen heftigen Ruck, zuerst vorne, dann hinten. Jetzt war das Tier erst auf den Knien. Ein Schrei löste sich aus meiner Kehle, und ich glaubte, daß ich in hohem Bogen im Dreck landen würde. Mit aller Kraft klammerte ich mich an den Sattel. Noch einmal die gleiche Prozedur mit dem Schaukeln, und ich war wahnsinnig hoch droben. Immer noch hatte ich das Gefühl, daß ich vornüber stürzen würde. Hier, halb im Himmel, konnte ich unmöglich zu den Pyramiden reiten. Aber an die Schande vor meinen Freunden durfte ich auch nicht denken, sonst wäre ich schnellstens wieder hinuntergerutscht. Wenn ich mir vorstellte, daß ich in dem Sand zu den Pyramiden laufen sollte, zog ich das Reiten doch vor. Als die Männer mir noch einen kleinen Jungen von etwa fünf Jahren als Kamelführer gaben, sah ich mich mit gebrochenem Genick im Sand liegen. Mein Dromedar, das störrisch und böse war, der kleine Bub im langen weißen Hemdchen und mit nackten Füßchen und ich so hoch droben – wenn das nur gut ging! Zu einer Salzsäule erstarrt und total verkrampft saß ich immer noch oben. Ein Mann sagte zu mir, ich solle keine Angst haben. Dann das Stimmchen des Buben: „Keine Angst, Madame." So fing ich an, mich zu lockern und den Bewegungen des Tieres nachzugeben. Ich versuchte, in Harmonie mit dem Tier zu kommen. Nun machte es mir Spaß. Neben mir trabten Philipp und Kurt auf Pferden. Man konnte glauben, sie hätten nie etwas anderes getan, als durch die Wüste zu reiten. Die Aussicht von da oben war prächtig. Schon bald kam die mächtige Büste der Sphinx mit der abgeschossenen Nase in Sicht. Ein Führer erzählte uns, daß die Büste aus einem Stück Stein gehauen worden sei. Wie dieser mächtige Stein in die Wüste kam, blieb mir ein Rätsel. Bei der Friedhofsmauer saßen ein paar Frauen ganz eng beisammen. In ihren schwarzen Gewändern und die Gesichter von der Sonne wie Leder gegerbt, kamen sie mir vor wie Totenwächterinnen.

In der Wüste mußte ich wieder vom Dromedar steigen, um fotografiert zu werden. Ich sollte ganz nahe an das Tier heran, aber das war nicht so einfach. Sobald man nur in seine Nähe kam, fing es an zu brüllen und riß den Mund beängstigend weit auf. Die Tiere werden viel geschlagen und schlecht behandelt, deshalb die Abwehrstellung den Menschen gegenüber. Ich sah, daß das Tier am Kiefer blutete, es war von dem alten, unpassenden Halfter wund gescheuert. Beruhigend sprach ich auf das Tier ein, bis es ganz ruhig und sanft wurde und ich es streicheln konnte. Da sah ich, wie eine Träne aus dem Auge trat und über das Fell kollerte. Ich behaupte, daß auch Tiere weinen können, wenigstens seit ich das erlebt habe.

Nun kam etwas für mich, was mir schwer zu schaffen machte. Der kleine Junge fing an zu betteln. „Madame, Monete“, immer wieder. Ich versuchte, dem Buben klar zu machen, daß ich kein Geld bei mir hatte, denn beim Aufsteigen aufs Dromedar kam mir die Tasche ungelegen, und Philipp hatte sie für mich genommen. Die schwarzen Augen ließen nicht von mir ab. Der Bub deutete auf meinen Busen, ob ich nicht im BH Geld versteckt hätte. Er war extra mit dem Dromedar zurückgeblieben, damit niemand sah, wie er bettelte. Mir tat es so leid, daß ich ihm nichts geben konnte. Philipp war mit der Tasche schon außer Sichtweite, und ich konnte ihn nicht rufen. Ich redete mit Worten und Händen und versuchte, dem Jungen klar zu machen, daß ich ihm hinterher etwas geben werde. Ich sah die Verzweiflung in seinem kleinen Gesicht. Doch später verstand ich, warum er das Geld unterwegs haben wollte: Der Speckige würde ihm das Geld abnehmen. Der Kleine wollte mit mir und dem Tier direkt im Stall verschwinden, in der Hoffnung, daß ich ihm hier heimlich etwas geben könne. Ich nahm Geld aus der Tasche und küßte den Kleinen auf die Stirn. So gut ich es verstecken konnte, legte ich dazu eine Geldnote in das kleine Händchen. Ob es ihm gelang, mit dem Geld zu verschwinden, habe ich nicht mehr mitbekommen.

Kaum abgestiegen, wurde ich von dem Spekkigen am Arm gefaßt und in einen Parfümladen geführt. Nach langen Reden kaufte ich mir eine kleine Flasche Palisanderholzessenz. Es sei gut für trockene Haut. Heute bedaure ich, keine große

Flasche gekauft zu haben, denn das ist das einzige Mittel, das mir Besserung an meinem Ellenbogen verschafft hat. Die Essenz hat einen eigenartigen Geruch, den ich sehr liebe. Es riecht nach Ägypten, und tausend Erinnerungen kommen mir in den Sinn, wenn ich an der Flasche schnuppere.

Unser Flug war für Sonntag gebucht. Mili mußte zurück wegen ihrem kleinen Sohn. Ich hätte noch bis Mittwoch bleiben können. Es riß mich hin und her. Die Betreuerin aus Kairo versicherte mir, daß sie für mich da sein würde. Sie wollte mich unbedingt noch ein wenig behalten, denn in ihr habe ich eine Freundin und große Verehrerin gefunden. Sie wäre so gerne mit mir in die Oper gegangen. Aber fürs erste hatte ich genug gesehen. Man muß das Erlebte auch verdauen können.

Am Samstag abend, als ich meine Telefonrechnung und die Extras bezahlt hatte, blieb mir noch Geld übrig. Ich wollte gerade zur Hotelbank, um das Geld zu wechseln, als Mili durch die Halle kam. Ich erzählte ihr, daß ich zur Bank wolle. Mili sagte zu mir: „Kaufe doch in einer der Boutiquen etwas für dich." Für mich? Das wäre mir nun wirklich nicht in den Sinn gekommen. An mich habe ich zuletzt gedacht. Kleine Geschenke für meine Lieben hatte ich schon eingekauft. Daß man sich selber etwas schenken könnte, war neu für mich, und ich fand die Idee von Mili prima.

Plötzlich zog es mich auch nach Hause. Dazu war es angenehmer, mit Mili zu reisen, als allein. Die Betreuerin sagte noch auf dem Flughafen zu mir: „Bleib doch in Kairo. Ich bin so traurig, wenn du weggehst." Ich sah, wie ihr die Tränen über die Wangen kullerten. Sie tat mir leid, wegen ihr wäre ich gerne noch geblieben. Es riß mich wieder hin und her. Doch mein Heimweh war stärker. Da, vor der Hotelpforte, auf der Mamortreppe ein letzter Händedruck, und wir stiegen in die Blechkarosse. Mir winkte noch der Taxifahrer zu, der vor dem Hotel auf Gäste wartete. Er zeigte mit dem Zeigefinger auf seine Augen: Ich schaue auf dich.

Abschied nehmen ist immer so etwas Endgültiges. Man kann die Zeit, die man hier verbracht hat, nie mehr wiederholen. Auch wenn ich noch einmal nach Kairo kommen würde, so wäre es ganz anders.

Unser Platz im Flugzeug war wieder zu hinterst, wo wir alle vier Plätze für uns hatten. Bald hob der große Vogel vom Boden ab.

Die Managerinnen

Auf dem Tisch lag ein Brief, der mich sehr freute. Eine Einladung für eine Lesung in Zürich. Keine gewöhnliche Lesung, sondern etwas ganz Besonderes. Die Gruppe nennt sich *European Women's Management Development Network*. Ich mußte mir erst erklären lassen, was das bedeuten soll. Es sind berufstätige Frauen aus verschiedenen Berufen, die die Förderung von Frauen in Gesellschaft und Arbeitswelt anstreben. Für mich war es eine Herausforderung, denn die meisten Frauen dieser Gruppe haben ein Studium hinter sich. Guten Mutes betrat ich den kleinen Saal, in dem um die zwanzig Frauen anwesend waren. Beim Eintreten wurde ich unauffällig gemustert. Doch ich besaß die Sicherheit, den Blicken standzuhalten. Ich begann mit der Lesung. Zuerst erklärte ich ihnen, daß ich kein großes Genie sei im Lesen. „Aber ich werde mir Mühe geben, daß es für euch trotzdem ein Genuß wird." Offenbar hat es den Frauen gefallen, denn sie wollten noch mehr hören. Nach einer halben Stunde begannen wir zu diskutieren.

Ich wurde gefragt, wie ich mit dem verdienten Geld umgehe.

„Man muß sehr sorgfältig mit dem Geld umgehen", antwortete ich, „ich habe einmal gehört, es sei keine Kunst, Geld zu verdienen, aber es zu verwalten. Mir hilft meine Bescheidenheit, klug zu handeln."

Die zweite Frage: „Was sagen Ihre Geschwister und Kinder zu Ihrem Erfolg?"

Ich hatte gehofft, daß für einmal diese Frage ausfiele. Nie hatte ich eine Lesung, bei der diese Frage nicht aufgetaucht wäre. Sogar noch in Ägypten wurde ich nach der Verwandtschaft gefragt. So ein wenig Klatsch muß offenbar interessant sein, da kommen auch die Studierten nicht darum herum. Ob es mir nun paßte oder nicht, ich mußte antworten: „Als erstes hält meine liebe Schwester durch dick und dünn zu mir. Sie hilft mir, wo sie nur kann. Das Vreneli verteidigt mich, gibt mir viele gute Ratschläge. Ihre Ehrlichkeit und Aufrichtigkeit hilft mir sehr. Sie ersetzt ein ganzes Rudel von Verwandtschaft. Und sie hat die Kindheit so erlebt wie ich. Der jüngere Sohn kommt auch nach Hause und ist stolz auf seine Mutter. Ansonsten haben mich alle näheren Verwandten verlassen und verdammt. Die Verwandten, die eine Generation älter, und die, die eine Generation jünger sind als ich, halten zum Teil zu mir. Sie finden gut, was ich geschrieben habe. Wenn sich meine Brüder ein Problem daraus machen, so ist das ihre Sache. Eigentlich wollte ich meinen Brüdern ein signiertes Buch schenken. Ich hatte es mir so schön ausgedacht. Wir hätten uns an einem Sonntag treffen können, und ich hätte ihnen das Buch überreicht. Das hat sich erübrigt. Aus dem Hinterhalt wurde ich von den eifersüchtigen Schwägerinnen mit scharfem Geschütz bombardiert. Lesen wollten sie das Buch nicht, sonst würde ich noch reicher werden, hieß es. So verschwinden Menschen aus meinem Leben. Irgendwie hat sich mein Umfeld von ganz alleine gereinigt. Übriggeblieben sind echte Freunde und einige Verwandte. Es sind neue Menschen dazu gekommen, die mir viel bedeuten. So vermisse ich niemanden. Keiner braucht sich mit mir abzugeben, wenn er nicht will. Jeder darf seine Meinung haben, das ist sein Recht. Aber man muß nicht mehr zusammen sein, wenn man nicht mehr zusammen paßt. Manchmal bleibt man eine gewisse Zeitspanne zusammen, und auf einmal entdeckt man, daß man etwas ändern muß, damit man nicht ständig unglücklich ist. Manchmal kommt einem das Schicksal entgegen. Ich bin nicht traurig darüber. Mir wurde eher eine Last abgenommen.

Bei meinen Söhnen ist es so: Beide wissen ganz genau, daß ich sie liebe und die Tür für sie offensteht. Ich glaube, daß meine Mutterpflicht erfüllt ist. Ich habe kein Recht, sie auf irgendeine Weise zu beeinflussen. Nach meinem besten Wissen und Gewissen habe ich die zwei erzogen. Meine größte Belohnung ist, daß sie großartige Menschen geworden sind. Beide haben aus eigener Kraft sehr viel erreicht, sie haben etwas aus sich gemacht.

Der Beweis ist erbracht, daß sie das Leben meistern, auch wenn es für sie nicht immer leicht ist. Zudem müssen Kinder die Freiheit haben, ihren eigenen Weg zu gehen. Zuerst ist es mir schwer gefallen, zu allem ja zu sagen, den älteren Sohn nicht mehr zu sehen, vielleicht nie mehr in meinem Leben. Langsam mußte ich einsehen, daß es so eben gut ist. Es ist eine große Liebe, wenn man zu einer solchen Entscheidung ja sagen kann. Ich stehe niemandem im Weg, wie er auch entscheiden mag. Er ist längst ein erwachsener Mann und muß selber wissen, was für ihn gut ist. Vielleicht ist es für ihn eine große Lehre. Einmal wird er den Mut haben, sich durchzusetzen, sonst wird er stehen bleiben. Es hat keinen Sinn, ewig die Faust in der Tasche zu machen und zu denken, der andere soll mir meine Probleme lösen. Es ist möglich, daß ich nur ein Werkzeug bin zu seiner Selbstwerdung. Ich spüre, daß er unter diesem miesen Verhältnis leidet. Es tut mir leid für ihn. Ich habe ihm ein paarmal die Hand gereicht, doch eine Versöhnung hat noch nicht stattgefunden. Aber kriechen um des Friedens Willen werde ich nicht mehr. Zu lange habe ich das gemacht, nun will ich nicht mehr. Jeder muß selbst wissen, wie er sein Leben gestalten muß und will. Manchmal muß man durch die Hölle, bis man erreicht, was man wirklich hätte lernen müssen. Man wird so lange zurückgeworfen, bis man es begreift. Ich habe begriffen, daß ich den Sohn in Ruhe lassen muß."

Frage: „Würden Sie *Dumm und Dick* noch einmal veröffentlichen, wenn es soviel Kummer gebracht hat?"

„Ja, ich würde es jederzeit wieder tun. Aus folgendem Grund: weil ich vielen Menschen mit dem Buch habe helfen können. Viele Frauen schreiben mir, daß sie das Buch immer wieder zur Hand nehmen, um darin zu lesen, und dann ihren Weg wieder finden. Was ist dagegen eine Gruppe von Verwandten, die mit sich selber nicht zurechtkommt und versucht, mir ihren Schmutz anzuhängen? Im Grunde sind es doch nichts anderes als ihre verdrängten Erlebnisse, die sie nie verarbeitet haben und für die sie mir die Schuld geben. Man sagt ja, wenn man nur drei Menschen geholfen hat im Leben, so sei es ein gutes Werk. Nun sind es viele hunderte gewesen. Da hat es sich gelohnt, das Buch zu schreiben."

Frage: „Wie verkraftet man das Berühmtsein?"

„Es kommt darauf an, wie wichtig man es selber nimmt. Ich finde es schön, wenn man Achtung und Liebe bekommt von den Menschen. Zu lange habe ich danach gehungert. Ich freue mich, wenn mir eine Lesung gut gelingt, wenn ich den Menschen mit dem Gespräch etwas geben kann. Daß man auch die Medien braucht, um bekannt zu werden, ist klar. Ich bin bestrebt, mit jedem Reporter eine gute

Zusammenarbeit zu leisten. Ich habe mich mit fast allen gut verstanden. Die Reporter sind ein interessantes Völklein, und hier bewahrheitet es sich eben: Wie du mich behandelst, so behandle ich dich auch. Nur in meiner Heimatstadt machte ich schlechte Erfahrungen. Wenn jemand mir mit einem großen Vorurteil begegnet und sich schon eine Meinung über mich gebildet hat, ist es schwer, etwas anderes zu behaupten."

Frage: „Wie wird man mit bösen Briefen fertig?"

„Zuerst habe ich mich aufgeregt. Inzwischen habe ich auch das im Griff. Ich kann die Leute nur bedauern, wieviel Gift sie mit sich herumtragen."

Frage: „Warum nehmen Sie Ihren Mann nie mit?"

„Erstens, weil er sich dabei langweilt und längst weiß, was ich mache. Zweitens ist es mein Beruf, den ich hier ausfülle. Wenn ich zu den Menschen gehe, so ist das rein meine Angelegenheit und Aufgabe, den Abend zu gestalten. Mein Mann wäre mir dabei sehr hinderlich. Er müßte im Hintergrund warten und abpassen, wann ich endlich fertig bin. Ich hätte keine Zeit, mich um ihn zu kümmern. Zudem hätte ich ständig ein schlechtes Gewissen, wenn ich noch aufgehalten werde. Meine Nerven halten eine solche Belastung nicht aus. Auch wäre es mir nicht möglich, meine Aufgabe zu eurer und meiner Zufriedenheit zu lösen. Ich bin auch ganz gerne nach den Gesprächen allein, denn ich habe die Fragen zu verdauen. Ich muß darüber nachdenken, ob ich richtig geantwortet habe oder ob man es noch besser machen könnte. Denn ich fühle mich verantwortlich für das, was ich sage. Mit unpassenden Worten kann man großen Schaden anrichten."

Ich war sehr erstaunt, daß Frauen in führenden Positionen eine solche Frage stellten. Es kam mir vor, als wären wir in einem früheren Jahrhundert stehengeblieben. Doch entdecke ich bei Frauen immer wieder die große Abhängigkeit vom Mann. Es nähme mich wunder, wenn ich nicht selber fähig wäre, nach Zürich zu reisen, meinen Vortrag zu halten, im Hotel zu schlafen und am anderen Tag wieder in den Zug zu steigen.

Ich frage mich, weshalb mein Mann seine Zeit opfern soll, nur um dabei zu sein. Wenn er nichts Gescheites mit seiner Zeit anzufangen wüßte, wäre er wirklich arm dran. Es nützt keinem Mann, wenn die Frau ständig herumkommandiert und nicht fähig ist, das geringste ohne ihn zu tun. Mein Mann käme mir vor wie ein Pantoffelheld. Das könnte nicht gut gehen, weil ich ihn um sein Leben betröge. Er wäre nicht mehr im Stande, seine Fähigkeiten auszuschöpfen. Man hilft einander nicht, wenn man den Partner zum Sklaven macht. Man muß auch loslassen können, sein Leben selber in die Hand nehmen.

In langen Gesprächen haben wir das längst geklärt. Man muß eben miteinander reden. Nicht, daß bei uns nie Probleme auftauchen würden, dem entgeht keiner. Besonders nach vierzig Ehejahren ist manches anders geworden. Da zählen andere Werte als früher. Man kann einander vieles zuliebe tun, was auch Liebe bedeutet. Sicher habe ich mich sehr verändert, womit mein Mann Schwierigkeiten hat und wodurch er sich vernachlässigt vorkommt. Das ist der Moment, in dem er für sich selber etwas finden muß. Das kann ich ihm nicht abnehmen. Ich weiß, es ist sehr schwer, etwas zu finden, was Erfüllung bringt. Immer erwartet man, daß der Partner es für einen tut.

Frage: „Wie baut man das schlechte Gewissen ab, wenn ein Mann einem im Haushalt zur Hand gehen muß?"

„Da haben wir immer noch das alte Verhaltensmuster. Wenn eine Frau nichts anderes zu tun hat, als den Haushalt zu besorgen, dann sollte sie das erledigen. Aber wenn eine Frau berufstätig ist, so gehört der Haushalt auch dem Mann. Er muß unbedingt mithelfen, wenn sie nicht total überfordert sein soll, oder es muß eine Haushaltshilfe angestellt werden.

Zum anderen bringt eine berufstätige Frau auch Geld nach Hause. Dadurch bekommt die Frau einen ganz anderen Stellenwert. Man muß umdenken und sich vom Mann auch helfen lassen. Meistens tun die Männer es auch freiwillig, wenn man mit ihnen spricht. Meistens scheitert das Helfenwollen an den Nörgeleien der Frauen. Auch muß man einen Mann loben für seine Hilfe, ihm Anerkennung entgegenbringen. Es ist nicht wichtig, ob die Arbeiten so ausgeführt werden, wie wir es tun. Es ist nicht wichtig, wie man etwas macht, sondern daß die Arbeit verrichtet ist. Das Danken nicht vergessen, daß er alles für dich tut. Ich weiß, Sie werden sagen, uns dankt auch keiner. Man muß nicht immer zurück erwarten, wenn man gibt. Man muß bereit sein zu geben, auch in den kleinsten Dingen. Meistens liegt es nur an Kleinigkeiten, wie der Haussegen hängt."

Frage: „Wie wird man mit Figurproblemen fertig?"

„Indem man zu sich selber steht. Sich annimmt, wie man ist. Nicht an sich herumkritisiert. Wenn der Busen zu groß geraten ist, ihm beim Duschen sagen: ‚Dankeschön, daß du gesund bist.' – Zufrieden sein mit sich selber. Mit einem freundlichen Gesicht herumlaufen. Schönheit wird in unserem Herzen erzeugt, man muß von innen strahlen können. Wenn wir denken, daß wir zu fett sind, uns unschön finden, so übertragen wir das auf unsere Mitmenschen, und kein einziger in ihrer Umgebung wird uns nett und attraktiv finden. Viel an sich selber arbeiten. Es ist kein Ruhm, wenn man nichts aus sich macht. Da fängt wieder der berühmte Satz an: Sich selber lieben. Das tun wir uns selber zuliebe, denn so empfinden uns unsere Mitmenschen. So wird die Schale, die wir um uns tragen, zur Nebensache. In uns selber muß es stimmen. Nur so können wir die Welt erobern. Das gibt die nötige Sicherheit. Sie werden sehen, wenn's in uns selber stimmt, sind wir auch anderen gegenüber viel weniger kritisch. So stimmt plötzlich die Umgebung. Es liegt nur an uns, ob wir glücklich sind.

Das Vertrauen in mich erlangte ich bei folgender Begebenheit. Ich war zu einer Fernsehsendung bei RTL in Köln eingeladen. Es war eine Live-Sendung am Sonntag vormittag. Es war die Rede, daß ich aus meinem Buch vorlesen müsse. Mir wurde heiß und kalt. Nein, nur das nicht! Vorlesen, und das im Fernsehen, das schaffte ich nie. Der Moderator rief mich an, um mich zu informieren. Da kam die Rede aufs Lesen. Ich konnte ihn überzeugen, daß ich nicht lesen könne. Ja, wer schreiben kann, kann doch auch lesen? – Schreiben kann ich sicher, aber nicht vorlesen. Lesen und vorlesen sind eben zwei verschiedene paar Schuhe. Der Mann ließ sich erweichen. Er versprach mir, daß er an meiner Stelle lesen werde. Für einmal war ich wieder auf die feige Art zum Hintertürchen hinausgeschlüpft. Ich war sogar noch ein wenig stolz darauf. Es kam ganz anders. Der Moderator rief auch meinen Manager an. Der war ganz anderer Meinung als ich. Er schickte ein Fax ins Studio mit folgenden Worten: Sie liest sehr wohl selber. Der Mann rief mich wieder an und beharrte darauf, daß ich selber lesen werde.

Der Tag des Abflugs stand vor der Tür. Meine Beine waren schwer wie ein Zentner, als ich durch die Flughalle schlich. Auch hatte ich das Gefühl, daß mir wieder ein Unsichtbarer auf der Brust säße und mir die Luft abschnürte. Trotz der paar Sachen, die ich in meinem kleinen Koffer mittrug, glaubte ich, eine unheimlich schwere Last zu tragen. Das Flugzeug hatte fast eine Stunde Verspätung. Sicher war der Fahrer auch nicht mehr da, der mich abholen sollte. Zu meiner Freude sah ich zwischen den Köpfen aber doch das RTL-Fähnchen. Die halbstündige Mercedesfahrt vermochte mich nicht zu erheitern. Vor dem mächtigen Glaspalast von Hotel wurde ich abgesetzt. Für mich eine total neue Welt. Ich kam mir vor, als käme ich von einem anderen Planeten. Aufs Zimmer wurde ich von einem Pagen in Uniform begleitet. Sicher mußte ich ihm ein Trinkgeld geben, aber keiner hatte mir gesagt, wieviel. Wahrscheinlich waren die fünf Mark zu großzügig. Was soll's, seine Augen strahlten wie ein Käfer auf den Pferdeäpfeln. Schnell setzte ich mich an den Schreibtisch und fing an zu üben. Der Klumpen in meinem Magen wurde immer größer. Gegen 20 Uhr entschloß ich mich, etwas zu essen. Im ersten Stock fand ich ein Restaurant. Es gab nur Buffet, das reinste Schlaraffenland war aufgebaut, zudem kostete es 50 Mark. Kurzentschlossen verschwand ich rückwärts durch die Türe, um etwas Günstigeres zu suchen.

Von außen sah die Pinte bescheiden aus, nichts wie hinein. Leider gab es hier nur Bier und Salzbrezeln. Nun blieb nur noch ein Restaurant. Aus dem Hotel in die Stadt getraute ich mich in der Nacht nicht. Mir blieb nichts anderes übrig, als hier zu bleiben. Ich hatte es erreicht, im nobelsten Restaurant einzukehren. Mir war gar nicht wohl, denn ich bin nicht gewohnt, daß Kellner im Frack und mit weißen Handschuhen servieren. Ich wurde an einen Tisch geführt, wo ich mich linkisch hinsetzte. Eine riesengroße Speisekarte wurde mir vor die Nase gehalten. Da war guter Rat teuer, es war alles französisch geschrieben und ich mit meinem Latein am Ende. So schaute ich auf die Preise. Ich entdeckte ein Menü für 45 Mark, das war das billigste. Ich gab die Bestellung dem Kellner durch, hatte aber keine Ahnung, was da kommen würde. In der Zwischenzeit schaute ich mich im Kreise um. Ich fühlte mich immer schlechter in meinem königsblauen Kleid und den schwarzen Stiefeln. Sicher hätte ich mich umziehen müssen, denn um mich saßen Frauen in Abendroben, und die Männer hatten ihre Bäuche in den Smoking gezwängt und mit einer roten Schärpe zusammengezogen. Der Kellner erschien endlich, eine Platte auf einem Silbertablett tragend. Auf dem Tisch vor mir stand schon ein Teller mit einem Spitzendeckchen. Ein vorgewärmter Teller wurde aufgelegt, und der Kellner schöpfte mir grüne Nudeln auf. Ich freute mich, daß ich etwas erwischt hatte, was ich essen konnte. Als ich den Teller näher betrachtete, sah ich kleine Beinchen von Krebsen und Crevetten aus den Nudeln schauen. Ich versuchte, die Nudeln mit Messer und Gabel von dem Ungeziefer zu säubern. Wohlweislich schloß ich jedesmal die Augen, um nicht zu sehen, was in meinem Mund verschwand. Am liebsten hätte ich ordentlich Streuwürze auf das Gericht gegeben, aber es war nirgends so etwas zu entdecken. So teuer und einen solchen Schlangenfraß. Als der Kellner nachschöpfen wollte, winkte ich ab. Die Dessertkarte wurde gebracht. Zuerst bestellte ich noch eine Flasche Mineralwasser, daß die Viecher zum Schwimmen kamen. Zuletzt löffelte ich eine Schoggicreme in mich hinein und war ein wenig getröstet. Auf dem Silbertablett wurde mir die Rechnung von über 60 Mark präsentiert. 50 Mark waren mir zuviel gewesen, wobei ich hätte auswählen können, was mir schmeckte. Man lernt eben nie aus.

Im Zimmer war es kalt. Ich fühlte mich einsam und verlassen. Schlotternd begann ich wieder, lesen zu üben. Doch es wollte mir nicht mehr gelingen. Ich entschloß mich, ins Bett zu gehen. Ganz eng zog ich die Decke an meinen Körper. Wenn ich nur eine Bettflasche hätte, mir wurde einfach nicht mehr warm. An Schlaf war nicht zu denken. Ich habe nicht gezählt, wieviele Male ich aufgestanden bin und wieder versucht habe zu lesen. Bis zum Morgen ging es überhaupt nicht mehr.

Die Fernsehsendung fand im Hotel statt, in dem Restaurant, in dem ich zu Abend gegessen hatte. Langsam trudelten die Gesprächspartner ein. Zusammen saßen wir in einem Nebenraum an einem runden Tisch. Die Atmosphäre war drückend, man spürte die Angst von jedem einzelnen. Neben mir saß ein Staranwalt, dann kam eine Bundestagsabgeordnete, Professor Drewermann mir vis-à-vis und ein Mann, der Ölquellen löschen kann. Die Runde schloß der Mann mit dem Spielzeugmarkt. Zwischen diesen Größen saß ich, das Buri-Fraueli. Ein schlimmer Hustenanfall quälte mich, der kein Ende fand. Professor Drewermann wollte mir helfen. Er klaubte aus seiner Hosentasche körperwarme Lakritz. Außer schwarzen Mundwinkeln haben auch die Bonbons nichts gebracht. Niemand merkte, daß das Husten ein Aufschrei meiner Seele war: So helft mir doch, ich kann doch nicht lesen! Zu Hause hatten Leute mir versichert, daß sie mir beistehen würden, doch außer der großen Verzweifelung spürte ich nichts. Ich rannte immer wieder auf die Toilette, um Wasser zu trinken, die Kehle war wie ausgedörrt. Wieder am Tisch sitzend, versuchte ich mich zu beruhigen. Ich rief alle meine himmlischen Heerscharen an. Da geschah das Wunder. Ich wurde ganz ruhig, über meinen Kopf und Rücken lief ein Rieseln, als stünde ich unter einer angenehmen, warmen Dusche. Das Husten hörte auf. Plötzlich wußte ich, daß ich lesen konnte. Ich war ganz fest davon überzeugt. Da habe ich das Vertrauen zu mir selber gefunden und nicht mehr verloren. Heute behaupte ich, daß es das Größte ist, wenn man sich selber vertraut. Mein Auftritt verlief glänzend, keinen einzigen Fehler habe ich gemacht beim Lesen. In eine solche Panik geriet ich nie mehr."

Frage: „Wie übersteht man den Rummel?"

„Indem man sich immer wieder in sich selber zurückzieht. Ich stelle mir vor, daß ich in einer großen Lichtkugel bin. Vor mir ist eine Glaswand, so daß niemand Zutritt hat. Da fühle ich mich sicher und bin geschützt und geborgen. Das sind meine Erholungsphasen, so kann man alles ohne Schaden durchstehen.

Frauen müssen auch ganz klar ausdrücken, was sie wollen. So umgeht man Mißverständnisse und falsche Erwartungen. Auch müssen Frauen den Mut haben, sich zu wehren, wenn es am Platz ist. Eine Frau muß bereit sein, Verantwortung zu übernehmen. Deshalb habe ich mich dieses Jahr zur Verfügung gestellt, als ich gefragt wurde, in der Nachbargemeinde die 1.-August-Rede zu halten. Man kann nicht nur nach Gleichberechtigung schreien und dauernd den Rückzug blasen."

Beim Nachtessen mit den Frauen kam es noch zu einigen schönen Gesprächen. Die Frauen kamen so richtig aus sich heraus, und ich bekam wirklich viel Lob für meinen zweistündigen Vortrag.

Kinderschänder

Ein Telefongespräch, das ich nach mehr als zwei Jahren noch nicht verdaut habe: Eine Frau sagte mir, wie gut es sei, daß ich *Dumm und Dick* geschrieben habe und wie sehr ich ihr aus dem Herzen spräche. Nun werde sie sich auch getrauen zu reden und die Schmach, die sie erlitten habe, aufschreiben.

Sie sei in einem Dorf auf die Welt gekommen, in einer Familie mit einem Dutzend Kinder. Damals herrschte eine große Arbeitslosigkeit in unserem Land. Auch ihr Vater habe oft keine Arbeit gehabt. Lohnausgleich hat man vor fünfzig Jahren in der Schweiz noch nicht bekommen. So kam es, daß die große Familie mit den vielen hungrigen Kindern ohne Geld dastand. Sie hatten Schulden in der Käserei und beim Bäcker. Wenn sie Milch holen wollten, mußten sie mit einer leeren Kanne wieder nach Hause. Mit hungrigen Bäuchen mußten die Kinder in der Holzkiste schlafen, die mit Stroh und Moos ein wenig ausgepolstert war. Mit alten Lumpen und Mänteln deckten sie sich notdürftig zu. Von einem Federbett getrauten sie sich nicht einmal zu träumen. Die Mutter war schwach und schon wieder schwanger, jedes Jahr kam ein Kind dazu. Ein unermeßliches Elend und Armut.

So kam es, wie es kommen mußte. Eines der Mädchen wurde geopfert. Das Mädchen wurde zu

Knechten und alten Männern geschickt, die sich an ihm befriedigten. Als Lohn bekam es ein Fünffrankenstück, womit sie am Abend die Milch kaufen konnten. Niemand kümmerte sich um das Kind, niemand dachte daran, ob es die Schmach verkraften könne. Es bekam scharfe Order, keinem Menschen auch nur ein Wörtchen davon zu erzählen, sonst käme es ins Gefängnis bei Wasser und Brot. Nicht jene, die das Kind geschändet haben, kämen hinter Schloß und Riegel, sondern das Kind, weil es so etwas Schlimmes tat. Die Gemeindeherren schauten dem Elend zu, halfen der Familie aber nicht mit Geld aus, bis die Herren das Gefühl hatten, daß man nun den Kindersegen abstellen müsse. Die Frau war zu schwach, um operiert zu werden, man befürchtete, daß sie durchdrehen würde. So dachte man damals, wenn man eine Frau sterilisierte. Also beschlossen die Gemeindeältesten, man müsse den Vater kastrieren, was dann auch geschah. Von da an war der Vater ein gebrochener Mann, mit einer hohen Stimme und kaum mehr arbeitsfähig. Nun mußte etwas geschehen mit der Familie. Es wurden Pflegeplätze gesucht, die ganze Familie wurde auseinandergerissen. Das Mädchen kam zu einer Pflegefamilie, es war gut untergebracht. Doch das Schreckliche hatte es nicht verkraftet: Das Mädchen erkrankte an TB und mußte über Jahre im Sanatorium leben. Niemand wußte, warum es so krank war. Das Kind preßte die Lippen zusammen und schwieg. Keinem der Männer kam es in den Sinn, was sie für ein Verbrechen begangen hatten, daß eine Frau ein Leben lang diese Schmach mit sich herumschleppen muß. Heute hat sie eine schöne Familie, worauf sie sehr stolz ist.

Einmal habe ich mich mit einer Frau getroffen, die immer wieder als kleines Mädchen von ihrem Vater mißbraucht worden war. Sie erzählte, daß der Vater sie später sehr verachtet habe. Sie habe alles für ihn getan, um seine Gunst wiederzuerlangen, aber er habe sie regelrecht gehaßt. Warum sie ihm gefallen wolle, war meine Frage. „Ja, ich bin doch so schlecht, so abscheulich. Ich habe doch schon früh Geschlechtsverkehr gehabt, und das ist eine so große Sünde." – „Und wer hat gesagt, daß Sie schuldig sind? Sehen Sie denn nicht ein, daß nicht Sie die Schuld tragen, sondern Ihr Vater, der Sie mißbraucht hat?" – „Nein, ich fühle mich schuldig, und ich schäme mich noch zu Tode wegen der Sünde." Die Frau erzählte mir, daß sie ständig krank sei und daß es für sie keine Rettung mehr gebe. Das sei nun die Strafe für das, was sie als Kind getan hatte. Dann kam wieder ein Schwall aus ihrem Mund: Ihre Mutter war sehr früh gestorben, dann hatte sie dem Vater den Haushalt geführt. Sie hatte geheiratet, einen Mann, dem sie nie habe vertrauen können. Es sei mehr eine Versorgungsheirat gewesen. Sie habe auch nie einen Orgasmus gehabt, immer sei ihr dabei der Vater in den Sinn gekommen. Der Geschlechtsverkehr mit ihrem Mann sei für sie eine Ehepflicht, die sie verabscheut habe. Doch habe sie Kinder, auch ein Mädchen. Sie habe es nie fertig gebracht, das Kind zu lieben. Sie habe die Buben stets besser verstanden. Auch habe sie das Mädchen ständig vor ihrem Mann schützen müssen. Sie habe ihm nicht vertrauen können.

Die Ehe sei nicht gut gewesen. Je weniger sie gab, desto mehr versuchte sie, den Mann an sich zu binden. Ständig gab es Krach, wenn er nicht nach ihrer Pfeife tanzte. Sie übernahm das Regiment, um ihre Schuldgefühle zu ersticken. Sie klagte, daß ihr Mann Alkoholiker sei und mit ihm nicht auszukommen wäre. Ich hätte ihr sagen können, warum er nicht mehr nach Hause mochte. An was hätte sich der Mann denn halten können? Anfassen durfte er die Frau nicht, ins Kinderzimmer durfte er auch nicht. Was hat ein Mann da noch für ein Vergnügen, zu Hause zu sein? So kam es immer öfter vor, daß er seinen Kummer in Wein ertränkte. Die Frau erzählte noch, daß sie nun geschieden seien. Ihr Mann lebe mit einer anderen Frau zusammen. Er habe sie im Stich gelassen. Die Frau sagte, sie habe auch einen Freund gehabt, der habe aber nur mit ihr ins Bett gewollt. Ich riet ihr, daß sie besser allein leben solle und dafür Kurse besuchen, um etwas Kreatives zu finden. Da wurde sie ganz lebendig. Sie hätte Talent zum Zeichnen und Malen. Ob sie den Rat befolgt hat, weiß ich nicht. Ich habe nichts mehr von ihr gehört. Wichtig war, daß sie sich endlich mit jemandem aussprechen konnte.

Ich war auch in Schulen für Analphabeten. Da saßen Frauen, die von Onkel oder Vater mißbraucht worden waren. Sie sind in der Schule nicht mehr nachgekommen. Da war eine sechzigjährige Frau dabei. Sie erzählte mir, daß sie bei der Gemeinde nach dem fehlenden Schulgeld gefragt hätte und zur Antwort bekommen habe, es sei doch jetzt nicht mehr nötig, daß sie schreiben lerne. Die Frau hatte ein Leben lang darunter gelitten und sich geschämt, nicht schreiben zu können. Ich bewunderte ihren Mut, überhaupt alle, die dort an der Schule waren, daß sie sich angemeldet hatten. Auch wenn man schon älter ist, ist es doch nie zum Lernen zu spät.

Berlin

„Willkommen bei uns an Bord.“ So herzlich und lieb wurde ich im Flugzeug begrüßt. Eine Stewardess hatte mich erkannt. Sie habe mich in einer Fernsehsendung gesehen und mein Buch gelesen. Während des ganzen Fluges wurde ich verwöhnt.

Fliegen ist für mich immer wieder ein großes Abenteuer. Gespannt warte ich auf den Moment, an dem die Maschine vom Boden abhebt. Mit großem Genuß lasse ich mich in die Rückenlehne pressen. Es ist schön, wenn man sich vom Boden lösen kann. Fliegen und nur noch man selbst sein. Auch ist man da dem Herrgott ein bißchen näher. Über den Wolken segeln, alles unter mir ist verschwommen und weit weg.

Durch das kleine Guckloch entdeckte ich eine herrliche Landschaft. Meine Phantasie brannte mit mir durch. Die Wolken verwandelten sich zu Eisbergen. Ich glaubte, ich befände mich über Alaska.

Ich wurde von einer Buchhandlung nach Berlin eingeladen, um aus meinem Buch zu lesen. So hieß es Kräfte sparen und nicht zuviel unternehmen. Aber den Kurfürstendamm mußte ich mir unbedingt ansehen. Überall entdeckte man größere und kleinere Stücke von der Mauer, schön in Plexiglasschächtelchen verpackt. Es kam mir so vieles in den Sinn, was man gelesen und gehört hatte über die

Mauer. Wenn ich an die Mahntafeln beim Reichstag denke, auf denen die Namen von Menschen stehen, die auf der Flucht umgekommen sind, geht mir ein Schauer über den Rücken. Jetzt wird aus jedem Krümelchen Geld gemacht.

Am Abend wurde ich von Salomé, meiner Verlagsbetreuerin, im Hotel abgeholt. In der Buchhandlung wurde ich empfangen wie eine alte Bekannte. Es lag eine solche Herzlichkeit darin, daß ich mich sehr wohl fühlte. Nach der Lesung genossen wir noch ein wenig das Nachtleben von Berlin. Bei einer Flasche Wein ließen wir es uns wohl sein. Auch Miriam vom Verlag, die mich schon vom Flughafen abgeholt hatte, war gekommen. Die Frauen kümmerten sich sehr liebenswürdig um mich.

Ich wohnte in einem sehr schönen, renovierten, alten Hotel. Doch davor war das Elend: Auf dem Bürgersteig lag ein Mann. Die Kleider hingen in Fetzen an einem hageren, kranken Körper. Sein Gesicht war von Schmerzen gezeichnet, die leblosen Augen lagen tief in den Höhlen. Die Haare waren verfilzt. Vor der armen Kreatur stand ein Plakat: „Ich bin aidskrank. Ich bitte um eine Gabe für eine Mahlzeit und eine Unterkunft." Noch lange hat es mich beschäftigt. Besonders als ich im schönen Hotelzimmer im Bett lag. Lange konnte ich nicht einschlafen, weil ich mich fragte, ob der arme Kerl immer noch krank in der Gosse lag. Was nützt da die Gabe, die man spendet? Schon am Nachmittag war ich von einer alten Frau angesprochen worden, ob ich ihr Geld gäbe für einen Kaffee. Auch sie bekam von mir Geld, obwohl ich ihr nicht so recht traute. Ich wünschte mir von ganzem Herzen, daß nicht ich einmal auf der Straße stehen und betteln müßte.

Nun hatte ich noch einen ganzen Tag für mich, um Berlin kennenzulernen. Um zehn Uhr stieg ich am Kurfürstendamm in einen Bus, um eine dreistündige Stadtrundfahrt zu machen. Ich war stolz auf mich selber und auf meinen Unternehmungsgeist. Dabei habe ich fast alles Wichtige gesehen. Es war drückend heiß, und ich war froh, nach der Fahrt für ein paar Stunden ins Bett zu schlüpfen.

Gegen Abend wurde ich wieder von meinen zwei Getreuen zum Essen abgeholt. Ich wünschte mir Sauerkraut. In Deutschland esse ich es am liebsten. Schon bald stand der große Teller vor mir, dazu eine gebratene Haxe und Kartoffelsalat. Ob das meinem Magen gut bekam? Im Café Kranzler tranken wir anschließend noch einen Kaffee. Dann verabschiedeten wir uns. Ich suchte mein Hotelzimmer auf, um meinen Mann anzurufen. Da fing mein Magen schon an, rebellisch zu reagieren . . .

Am Mittwoch morgen besuchte ich noch das Büro meines Verlegers. Es war mir wichtig, die

Mädchen an ihrem Arbeitsplatz zu sehen. Miriam war nicht da, ihr war es nicht gut, denn sie erwartete ein Kindchen.

Rückblick

Als Miriam mir sagte, daß sie schwanger sei, bin ich sehr erschrocken. Miriam schleppte meinen schweren Koffer. Das hätte ich nie zugelassen. Man sah nicht, daß sie schwanger war. Nur in ihrem Gesicht entdeckte ich eine Veränderung. Ihre Gesichtszüge waren viel weicher und ihre ganze Art viel lieblicher. Im Gespräch fragte Miriam, wie ich die Schwangerschaften und Geburten meiner Söhne erlebt habe. Wohlweislich habe ich geschwiegen. Den Fehler hatte ich nur einmal begangen, einer Schwangeren zu erzählen, wie schwer meine Geburten waren. Die Frau, der ich es erzählt hatte, hat alles auf sich bezogen. Ihre Geburten waren auch nicht gut und ich Schuld daran, weil ich es ihr erzählt hatte.

Ich erinnere mich noch genau, es war vor vierzig Jahren, als ich mein erstes Kind erwartete. Die Schwangerschaft war sehr beschwerlich, ich hatte es an den Nieren und eine schwere Schwangerschaftsvergiftung. Meine Hemmungen und Ängste vor dem Arzt waren so groß, daß ich es vorzog, den Arzt nicht aufzusuchen. Auch eine Unwissenheit. Ich glaubte, das sei normal, daß man leiden müsse, wenn man schwanger war.

Ich hatte auch keine Ahnung, wie eine Geburt vor sich ging. Alles wurde vor uns zu Hause versteckt. Ich wurde aus dem Stall gesperrt, wenn eine

Kuh ihr Junges gebar. Alles war ein großes Geheimnis. Wenn ich meine Mutter fragte, sagte sie immer: „Das Gräßliche erfährst du noch früh genug, wenn du eigene Kinder bekommst." So war es meine Meinung, daß Schwangerschaft und Geburt etwas ganz Schlimmes, Schmutziges seien, mit viel Blut. Ich hätte mich nicht getraut, jemand anderen zu fragen. Auch mit meinem Mann hätte ich nie darüber gesprochen. Das war kein Thema. So fand ich die Leiden eben normal. Man rannte doch nicht wegen jedem Wehweh zum Arzt.

Meine Beine waren so geschwollen, daß meine Füße in keine Schuhe mehr paßten. Auch Arme und Gesicht waren aufgedunsen. Zeitweise war ich stark sehbehindert, ich hatte das Gefühl, Nebelschleier vor den Augen zu haben. Ich mußte auch sehr viel schlafen. Der Schlaf war todähnlich, und mich konnte nichts aufwecken. Nicht einmal die Dreschmaschine, die, nur durch eine Holzwand von mir getrennt, auf Hochtouren lief.

Schlimme Träume quälten mich in der Nacht. Es war immer derselbe Traum: Ich lag in einem Sarg, der Deckel war zu, und ich wollte mich befreien, doch die Kräfte fehlten mir, um den schweren Deckel zu heben. Auch kriegte ich kaum noch Luft. Ich schrie, niemand hörte mich. Ich sah Menschen um den Sarg herumstehen. Niemand kam mir zu Hilfe. Der Sarg wurde in das finstere Loch versenkt.

Ich hörte, wie Erde und Steine auf den Sarg geschaufelt wurden. Wahnsinnige Angst stieg in mir hoch. Schweißgebadet erwachte ich aus dem schweren Traum.

Mein Gewebe war mit Wasser gefüllt wie ein Schwamm. Bei den Nachbarn galt ich als faule Person, weil ich soviel schlief. Auch von der Verwandtschaft meines Mannes wurde ich immer verurteilt. Weil ich immer dicker wurde, glaubte meine Verwandtschaft, ich sollte jeden Tag um den Berg herumspringen. Immer wieder vernahm ich gehässige Worte und Angriffe gegen mich. Ich litt sehr, denn ich liebte meine Verwandten. Ich konnte nicht begreifen, was sie gegen mich hatten. Ich hatte ihnen doch nichts getan. Warum waren sie so böse zu mir? Eine Schwägerin hatte kurz vor mir ein Kind geboren. Otti und ich standen vor der Wiege, und wir schauten auf das schöne Kind. Wir freuten uns auf unser eigenes Kind, das unter meinem Herzen wuchs. Die Freude war von kurzer Dauer. Meine Schwiegermutter packte mich am Arm. Wütend gab sie mir zu verstehen, daß ich von der Wiege weg solle. Ihr Gesicht war voller Haß, ich erschrak. Sie mochte es auch nicht leiden, wenn ich nahe bei meinem Mann stand. Sie gönnte uns das junge Glück nicht. So machten wir uns bald darauf auf den Heimweg in unsere kleine Wohnung.

Die Wohnung war in einem alten Bauernhaus, wo wir zwei kleine Zimmer mit Küche hatten. Der einzige Luxus war fließendes Wasser in der Küche. Ein kleiner Holzkochherd war die ganze Einrichtung dort. Heizen konnte man nur den Sandsteinofen im Wohnzimmer. Das Schlafzimmer war ohne Heizung.

An einem Sonntagabend sprang mir die Fruchtblase. Doch Wehen verspürte ich kaum. Es wurde Morgen, und es passierte nichts Wesentliches. Otti ging wie gewohnt zur Arbeit. Im Laufe des Tages ging ich zu meiner Nachbarin. Ich erzählte ihr, was mit mir los war. Die Nachbarin, die während meiner Niederkunft für mich sorgen wollte, fand, man müsse der Hebamme Bescheid sagen. Sie ging ins Nachbarhaus, um anzurufen. Gegen Abend kam die Hebamme, sie untersuchte mich, was mir äußerst peinlich war. Ich schämte mich sehr. Sie sagte zu mir, ich sollte mich nicht so anstellen, vor meinem Mann hätte ich mich auch nicht versteckt, sonst bekäme ich jetzt kein Kind. Während der Schwangerschaft hat nie eine Hand außer der meinen meinen Bauch berührt. Jetzt mußte ich mich entblößt der Frau ausliefern. Vor Scham zog sich in mir alles zusammen. Ich merkte, daß die Frau kein Verständnis hatte für Schamgefühle. So ließ ich alles mit mir geschehen. Die Hebamme sagte, da müsse noch viel gearbeitet werden, bis das Kind auf der Welt sei. Die Gebärmutter sei erst offen wie ein Einfrankenstück. Sie werde bei mir bleiben, sie dürfe mich nicht mehr allein lassen. Am Abend kam Otti von der Arbeit nach Hause. Als er den Roller der Hebamme sah, glaubte er, es sei alles vorüber. Er wurde anders belehrt. In der Nacht legte sich die Hebamme in Ottis Bett. Otti lag auf der Couch im Wohnzimmer. Beide schliefen. Ich blieb wach, die Wehen kamen jetzt fleißiger. Es wurde Morgen – wieder die Untersuchung. Otti mußte mit dem Urin zum Arzt. Er brachte schlechten Bericht nach Hause. Bald darauf erschien auch der Arzt. Der Arzt wollte mich ins Spital bringen. Er telefonierte beim Nachbarn mit dem nächsten Krankenhaus, doch die wollten mich nicht haben. Der Arzt kam zurück mit dem Bescheid, daß es für einen Kaiserschnitt zu spät sei und sie sonst auch nichts machen könnten. Ich sah die besorgten Gesichter um mich herum. Ich hatte fürchterliche Angst. Was würde werden? Würde sich der Traum bewahrheiten, würde ich sterben und das Kind mit mir? Der Tag schlich in unendlichen Stunden dahin. Es war Januar und sehr kalt. Auch eine eisige Kälte im Schlafzimmer. Wie in der Nacht zuvor legte sich die Hebamme in den Kleidern neben mich. Für mich gab es keinen Schlaf, die Schmerzen waren zu groß.

Der dritte Tag verlief wie der Tag zuvor, nur der Arzt schaute fleißiger herein. Am Mittag, als die Hebamme zum Essen ging, habe ich mich gründlich ausgeweint, sonst habe ich mich nie gehen lassen. Am dritten Tag am Abend kam der Arzt und sagte, nun müsse etwas geschehen. Er machte mir eine Spritze, daß ich ein wenig schlafen konnte, in der Hoffnung, daß sich meine Verkrampfung lösen und die Gebärmutter endlich öffnen würde. Alle waren sehr besorgt um mich, aber niemandem ist es in den Sinn gekommen, lieb zu mir zu sein, einmal mit der Hand über mein Haar zu streichen. Ich kam mir vor wie ein schwerer Sünder, der nicht vorwärts machte. Mein schlechtes Gewissen wuchs von Stunde zu Stunde, weil ich nicht normal gebären konnte und soviele Umstände und Arbeit machte. Der Arzt hatte noch seinen Vater, der ein pensionierter Arzt war, mitgebracht. Über dem Schlafzimmer war ein kleiner Raum, in dem wir das Holz lagerten, da tanzten die Mäuse. Es schien, als ob sie ein Fest hatten, so sausten sie umher. Der Arzt schaute immer wieder besorgt zur Decke als fürchtete er, daß die Mäuse plötzlich herunterfielen.

Durch die Ruhe, die ich durch das Medikament erhielt, löste sich der Krampf in meinem Körper, und die Gebärmutter öffnete sich endlich. Der Arzt gab mir viele Spritzen. Mein Gehirn war umnebelt, und ich merkte nicht mehr alles, was um mich herum passierte. Der Arzt befahl meinem Mann, er solle die Zange auskochen in der Pfanne. Die Hebamme wehrte sich, das könne man nicht machen. Erstens sei der Muttermund zu wenig offen, und zweitens bekomme jedes Kind davon einen Schaden. Die Frau wehrte sich. Das müsse so gehen. Unterdessen setzten bei mir Preßwehen ein. Große Schmerzen im Bauch, im Rücken spürte ich nichts. Bei jeder neuen Wehe mußten mein Mann und die Hebamme meine Beine hochziehen, der Arzt preßte seine Hände auf meinen Bauch, zuletzt half er noch mit seinem Knie nach. So wurde das Kind aus dem Leib gepreßt. Ich half mit voller Kraft. Die Hebamme verkündete, daß das Kind lange schwarze Haare habe. Nach zwei Stunden war das Kind endlich da. Es war ein Junge. So glücklich wie in diesem Augenblick war ich noch nie. Ich glaube, das war der schönste Moment in meinem Leben. Ich hatte das Gefühl, etwas unendlich Großes geschafft zu haben. Das Kind bekam ein paar Schläge auf den Po und fing an zu schreien. Die Hebamme beschäftigte sich mit dem Kind und der Arzt sich mit mir. Ich mußte noch genäht werden. Die Deckenbeleuchtung reichte nicht aus. Der alte Doktor leuchtete mit der Nachttischlampe und mein Mann mit der Taschenlampe. Die Naht wurde kein Meisterstück, wenigstens war alles zusammengeflickt. Ich war ziemlich verwirrt von den vielen Spritzen, ich konnte den Arzt nicht mehr von meinem Mann unterscheiden. So schlang ich meine Arme um den Hals des alten

Arztes und sagte: „Gell, Vater, ich bin eine Brave gewesen." Denn während der drei Tage hatte ich alle Schmerzen verbissen. Ich hätte mich geschämt zu schreien, das taten nur wehleidige Frauen. Es ist etwas sehr Erniedrigendes für eine Frau, die Geburtsschmerzen still erdulden zu müssen. Die Hebamme versorgte mich. Endlich konnte auch sie auf ihren Roller steigen, in der eisigen, schwarzen Nacht nach Hause fahren und in das wohlverdiente Bett. Ich in meiner Glückseligkeit hätte noch lange sprechen mögen. Ich hatte ein Kind, ein Kind, ein gesundes Kind, das erschöpft, warm eingebettet, in der Wiege lag, mein Kind, das schönste Kind, das es auf der Welt gab! Doch Otti fielen vor Müdigkeit die Augen zu.

Als am nächsten Tag die Hebamme kam, konnte sie vor Muskelkater kaum mehr die Arme heben. Sie tat mir leid, sie hatte so Großes geleistet. Sie sagte, sie habe schon viele Kinder auf die Welt gebracht, aber das sei doch die schlimmste Geburt gewesen, die sie miterlebt habe. Der Arzt besuchte mich auch. Er sagte das gleiche wie die Hebamme: „Und wenn Sie hundert Jahre alt werden, so wird die Geburt in Ihrer Erinnerung bleiben."

Der Arzt und die Hebamme rieten meinem Mann und mir, kein weiteres Kind mehr zu zeugen. Ich war 23 Jahre alt und mein Mann 26 Jahre. Leider haben die zwei vergessen, uns darüber aufzuklären, wie es zu vermeiden sei, keine Kinder mehr zu bekommen. Unsere Hemmungen waren zu groß, um zu fragen, was man machen könne. So wurde mein Liebesleben durch Angst abgelöst. Angst vor einer erneuten Schwangerschaft, immer nur Angst. Und doch liebte ich meinen Mann. Die Liebe braucht auch Erfüllung im körperlichen Bereich. So mußten wir immer aufpassen, nie durften wir uns gehen lassen. Jeden Monat Angst, weil die Regel ständig zu spät eintraf, Angst, erneut schwanger zu sein. Auch war mein Gewebe immer noch voll Wasser. Dauernd mußte ich Medikamente schlucken, daß ich nicht im eigenen Wasser ertrank. So war ich immer zu dick. Es blieb mir nichts anderes übrig, als eine Abmagerungskur nach der anderen zu machen. Ich fastete und hatte ständig Hunger. Appetitzügler wurden mir verschrieben, dauernd war ich mangelhaft ernährt. So kam es, wie es kommen mußte, ich war ständig krank. Sogar noch die Hirnhautentzündung habe ich bekommen. Meine Psyche nahm großen Schaden. Immer neue Medikamente wurden verschrieben. Ich kam immer näher an die Grenze des Wahnsinns. Tabletten wurden verschrieben, um mich über den Abgrund zu retten.

Auf einmal blieb die Periode aus, nun war es geschehen. Eine neue Schwangerschaft – Ängste, Verzweiflung. Ich vertraute mich einer Frau im Dorf an. Wir waren öfter zusammen. Die Frau wußte mehr als ich. Sie fand, daß ich mich einmal von einem Frauenarzt untersuchen lassen sollte. Sie meldete mich an. Mein Bauch war unterdessen auch größer geworden, es waren schon fünf Monate seit der letzten Periode vergangen. Der Arzt stellte eine Scheinschwangerschaft fest, im Bauch befand sich kein Kind. Erleichtert ging ich nach Hause. Und doch kam ich mir sehr dumm vor. Eingebildete Schwangerschaft. Spinne ich, oder was war mit mir los? Angst vor dem Wahnsinn stieg in mir hoch. Der Arzt behandelte mich weiter mit Hormonspritzen, um meine Regel wieder in Gang zu setzen. Nichts geschah. Natürlich wurde ich wieder auf Diät gesetzt. Viele Nahrungsmittel konnte ich mir finanziell gar nicht leisten. So ließ ich die Sachen aus und war wieder mangelhaft ernährt. Das Gewicht wollte auch nicht hinunter. Es war eine Qual für mich, wenn ich bei jedem Arztbesuch gewogen wurde. Der Arzt sah mich jedesmal strafend an, er glaubte, daß ich heimlich fräße. Er wußte nicht, wie ich hungerte. Das Schlimmste fand ich, daß ich für ihn noch eine Lügnerin war und er mir nicht glaubte. Es verletzte mich tief und brachte mich fast zur Verzweiflung. Warum glaubte man mir nie? Trotz allem habe ich immer wieder durchgehalten. Nach fünfmonatiger Behandlung hatte ich das Gefühl, daß sich etwas in meinem Bauch bewegte. Schon öfter hatte ich wieder mütterliche Gefühle verspürt. Ich rief den Arzt an und sagte ihm: „Ich glaube, ich erwarte ein Kind.“ Das sei unmöglich, denn ich hätte nie eine Periode gehabt. Ohne Blüte blühe kein Baum. Und ich hätte schon einmal gemeint, daß ich schwanger sei. Ich würde mich sicher noch daran erinnern, oder nicht? Da wußte ich, was der Mensch von mir hielt. Er dachte, ich wäre durchgedreht. „Zu Ihrer Beruhigung können Sie zur Untersuchung kommen.“ Ich hatte Angst, der Arzt würde mir sagen, daß er mich in ein Narrenhaus bringt. Der Arzt lachte und sagte: „Sie sind wirklich im fünften Monat schwanger, ein Wunder. Nun werde ich nichts mehr sagen von Abmagern.“ Ich war vier Kilo leichter als vor fünf Monaten. Kein Wort kam über seine Lippen, daß er mir so lange Unrecht getan und nicht geglaubt hatte. Nun war ich keine Lügnerin mehr. Wenigstens die Last wurde mir genommen. Bei der Urinuntersuchung wurde wieder Eiweiß im Wasser festgestellt. Das Vertrauen zum Arzt hatte ich verloren. Auch nahm ich in der nächsten Zeit ziemlich an Gewicht zu, weil ich normal aß. Ich getraute mich nicht mehr, zum Arzt zu gehen. Mir ging es immer schlechter, ich hatte wieder eine Schwangerschaftsvergiftung wie beim ersten Kind.

Der Geburtstermin war auf den 15. Januar festgelegt worden. Es wurde Ende Januar und auch Ende Februar, das Kind zappelte immer noch in meinem Bauch. Ich ging auch nicht zum Arzt, denn im Winter und hochschwanger konnte ich nicht mehr mit dem Velo in die Stadt fahren. Es gab auch kaum Autos im Dorf. Es wäre mir nicht in den Sinn gekommen, jemanden von der Arbeit abzuhalten, um mit mir in die Stadt zu fahren. So wartete ich geduldig. Denn man wußte ja nicht sicher, seit wann ich schwanger war. Im Spital war ich schon lange angemeldet. Die Hebamme wollte nichts mehr wissen von einer Heimgeburt. Unser Söhnchen hatte mein Mann schon lange zu meiner Mutter gebracht, und ich hatte Heimweh nach dem Kind.

An einem Sonntag abend setzten die Wehen ein. Unser Nachbar hatte Besuch, deren Sohn besaß ein Auto. Wir fragten ihn, ob er mich ins Spital fahren könne. Auf dem Weg wurden die Schmerzen immer stärker. Im Spital wurde ich untersucht. Das werde noch lange dauern. Die Krankenschwester steckte mich in ein Bett im Badezimmer. Meinen Mann schickten sie wieder nach Hause. Ich hatte Angst, allein gelassen in dem nüchternen Badezimmer. In mir zog sich alles zusammen. Die Wehen hörten auf. Am Morgen kam der Arzt, der mich tüchtig ausschimpfte, daß ich nicht mehr zur Kontrolle gekommen war. Er erkenne mich nicht mehr mit meinem verschwollenen Gesicht. Die Lage sei ernst, er befürchte, daß ich Nierenkrämpfe bekommen könnte bei dem hohen Eiweißspiegel. Sie würden mich sofort auf Diät setzen. Wieder war die Diät das wichtigste. Die Hebamme sprach mit dem Arzt, daß er einen Kaiserschnitt vornehmen möge. Das sei ihm zu gefährlich, das müsse auf natürliche Art gehen. Die Hebamme wußte, daß es Schwierigkeiten geben würde, sie hatte es ja schon einmal erlebt. Ich spürte, daß auch sie Angst hatte. Der Arzt verordnete, daß die Geburt an diesem Tag eingeleitet werden solle. Die Prozedur dauerte den ganzen Tag. Keine einzige Wehe trat ein. Am Abend kam mein Mann, er machte mir Vorwürfe, daß ich ins Spital ginge, obwohl ich keine Wehen hatte. In der Nacht weinte ich bitterlich, niemand hatte mich lieb, von allen wurde ich unfreundlich behandelt. Ich konnte doch nichts dafür, daß ich das Kind nicht bekommen konnte. Ich fühlte mich einsam und verlassen in dem unfreundlichen Badezimmer. Am Morgen eröffnete ich dem Arzt, daß ich wieder nach Hause ginge. Mir war es gleich, was mit mir passierte. Was hatte das alles für einen Wert? Ständig wurde auf mir herumgetrampelt. Jedesmal, wenn die Schwester in der Tür erschien, fragte sie gehässig: „Noch nichts?" Ich fürchtete mich vor ihr. Seit ich im Spital war, hatte ich kein freundliches Wort gehört. Ich duckte mich immer tiefer in die Kissen, ich kam mir vor wie ein geschlagener Hund, der bei Unrechtem ertappt worden war. Der Arzt erlaubte nicht, daß ich nach Hause ging. Er lehne jede Verantwortung für mich ab, wenn ich nicht hier bliebe. Ich wußte nicht mehr, was ich machen sollte. Überall fiel ich in Ungnade. Am nächsten Tag wurde wieder eingeleitet. Zu essen bekam ich nur Fruchtsalat, der mir vor Sodbrennen den Magen kehrte. Wenigstens war das WC in dem Badezimmer, wo ich immer noch hauste. Das letzte von der Einleitung war das 40°-Bad. Da bekam ich heftige Magenschmerzen. Der Arzt mußte kommen, das Eiweiß wurde kontrolliert, es war von vier auf zwölf Promille gestiegen. Die Diät hatte das Gegenteil bewirkt. Der Arzt entschloß sich sofort, einen Kaiserschnitt vorzunehmen. Alles ging sehr schnell, mein Mann sagte, daß nach 15 Minuten der Junge schon geschrien habe. Nur bis ich aus dem OP kam, hätte es sehr lange gedauert. Ich hatte während der Operation erbrochen, vom Erbrochenen war mir etwas in die Lunge geraten. Es war ein Kampf mit dem Tode. Auch war nicht sicher, ob ich noch Nierenkrämpfe bekäme, viel Blut hatte ich verloren. Sie brachten mich in den Aufenthaltsraum. Die Hebamme und eine Schwester wachten bei mir. Auch mein Mann blieb noch da.

Meine Lippen flüsterten ununterbrochen das gleiche Wort: „Otteli." Die Schwester fragte meinen Mann, wen ich da rufe, ob das ein Kind von uns sei. Da mußte mein Mann zugeben, daß ich ihn meine, dabei stieg ihm die Schamröte ins Gesicht, und er wünschte, daß ich endlich still sein würde. Ich war noch in Narkose und wußte nicht, was ich da anrichtete. Ich flüsterte weiter: „Otteli.“ Sicher kam es niemandem in den Sinn, meine Hand zu nehmen. Alle um mich hatten Angst, denn aus meinem Mund kam nicht nur der Name meines Mannes, sondern auch ein beängstigendes Röcheln aus der Lunge. Um Mitternacht schickte die Hebamme meinen Mann nach Hause. Gegen Morgen erwachte ich aus der Narkose. Ich hörte, wie die Schwester zur Hebamme sagte: „Die erlebt den Morgen nicht mehr.“ Da wuchs in mir eine unwahrscheinliche Kraft. Meine Gedanken waren sofort bei meinem Kind. Sollte es ohne Mutter aufwachsen? Da habt ihr euch getäuscht. Ich lasse mein Kind nicht allein, niemals! Dann war ich wieder eingeschlafen. Am Morgen ging es mir immer noch sehr schlecht, doch ich wollte sofort mein Kind sehen. All die Zeit hatte ich fürchterliche Angst um das Kind, wegen der vielen Hormonspritzen, die ich während der fünf Monate bekommen hatte. Ob das Kind gesund war? Die Hebamme vertröstete mich, sie werde mir das Kind später bringen. Ich wurde fast wahnsinnig vor Angst. Sicher war mit dem Kind etwas nicht in Ordnung, oder es war sogar tot, und die wollten es mir nicht sagen. Ich fragte die Hebamme nach dem Gesundheitszustand des Kindes, daß es ein Knabe war, wußte ich noch nicht, es interessierte mich auch nicht. Am Nachmittag kam endlich mein Mann, er mußte sich an die Besuchszeiten halten. Er erzählte mir, daß wir einen gesunden Knaben hätten. Ich glaubte keinem mehr, denn ich hatte mein Kind noch immer nicht gesehen. Erst am anderen Morgen brachte es mir die Hebamme. Meine Hände tasteten mit großem Herzklopfen die kleinen Füßchen ab, ja, die Zehen waren alle zehn da. Ungeduldig zerrte ich an dem Fäustling, ich mußte sehen, ob alle Fingerchen dran waren. In großer Angst wurde das Körperchen des Buben abgetastet. Danke, lieber Gott, keine Mißbildungen! Endlich konnte ich mich freuen an dem sehr schönen Kind. Lange schwarze Haare und fast vier Kilo wog der stramme Bursche, groß war er obendrein. Auch über eine kräftige Stimme verfügte er. Erschöpft lehnte ich mich in die Kissen zurück, das kleine Bündel Mensch drückte ich an mein Herz. Mein geliebtes Kind, ich liebe dich so sehr. Danke, lieber Gott, daß ich lebe, ich werde für meine Kinder dasein, so lange sie mich brauchen. Das Versprechen habe ich eingelöst.

Vier Wochen lag ich im Spital in einem Sechserzimmer. Ich hatte ständig Fieber, viel zu wenig Blut und meine Lunge röchelte immer noch. Die Pflege war schlecht und ich immer noch sehr schwach. Freitags wurden wir von der Schwester immer ganz gewaschen und bekamen ein frisches Nachthemd. Einmal war die Reihe gerade an mir, als die Schwester zu einem Notfall gerufen wurde. So fiel mein frisches Nachthemd aus. Nach 14 Tagen faßte ich den Mut, um ein sauberes Nachthemd zu bitten. Natürlich wurde mir nicht geglaubt, daß ich das Nachthemd schon so lange am Leibe hatte, obwohl es bestialisch stank, vor Schweiß und Ausdünstungen. Meine Bettnachbarin hatte den Gestank nicht mehr ertragen. Doch ich wurde wieder zur Lügnerin vor der Schwester, obwohl meine Zimmergenossinnen es bestätigten. Auch mit Kölnisch Wasser ließ sich der Gestank des Nachthemdes nicht überdecken. Ich kam mir eher vor wie in einer Strafanstalt als wie in einem Spital.

Nach vier Wochen wollte ich nach Hause, ich sah keinen Sinn mehr, hier im Bett zu liegen. Niemand bemühte sich, festzustellen, woher das Fieber kam. Mit Wenn und Aber wurde ich aus dem Spital entlassen. Was mein Mann in dieser Zeit für Ängste ausgestanden hatte, war unmenschlich. Was sollte er tun mit zwei kleinen Kindern ohne Mutter? Ich habe ihn nicht im Stich gelassen, ich bin bei ihm geblieben, ich habe um mein Leben gekämpft.

Etwas für sich tun!

Nach einer qualvollen Nacht entschloß ich mich, meinen Arzt anzurufen, der mich seit Jahren liebevoll betreut. Ich fragte den Arzt, ob es nicht sinnvoll sei, meinen Rücken zu massieren. Der ganze Rükken war steif und verspannt. Der Arzt war sofort einverstanden und schickte mich zur Therapie. Ein starkes Bedürfnis war in mir, mich einmal ein wenig verwöhnen zu lassen. Jemand mußte ein wenig nach mir schauen. Ich meldete mich bei dem empfohlenen Therapeuten an. Eine Frau war am Telefon, und ich konnte schon am nächsten Tag zur Massage.

Es war eine junge Frau, die mich behandelte. Schon zum Anfang machte sie Bemerkungen über mein Dicksein. Sofort ging ich auf Abwehr. Mußte das jetzt auch noch sein, hatte ich nicht schon genug gelitten wegen meinem Speck? Mußte sie mir das auch um die Nase streichen? Ich wehrte mich so gut ich konnte. Wenn ich nur frecher wäre und ihr die nötige Antwort geben könnte. Ich schaute in ihr Gesicht: Rücksichtslose, selbstbewußte Augen schauten mich an. Über meinen Rücken zog sich eine Gänsehaut. Ich sagte der Frau, daß ich nach der letzten Behandlung rasende Schmerzen gehabt hätte. Ihre Antwort: „Bei Ihnen muß man fest drücken, damit man überhaupt auf die Muskulatur kommt." Ich schwieg, was sollte ich antworten? In mir zog sich alles zusammen. Ein Schamgefühl kam über mich. Ich schämte mich wieder einmal, so dick zu sein. Sollte ich wieder anfangen zu fasten und dabei noch kränker zu werden? Was sollte ich nur tun? Tiefe Traurigkeit erfüllte mein Herz. In mir erwachte ein unendliches Haßgefühl gegen mich selber.

Als die Frau mich fertig traktiert hatte, zog ich mich sofort an. Ihre Augen ließen nicht von mir ab, sie schaute mir zu, wie ich meine Kleider über den Kopf stülpte, den BH zuhakte. Ich schämte mich wegen seiner Größe und der vielen Haken. Die Brustmuscheln waren freilich aus Spitze, aber doch sehr robust, um einem großen Busen den nötigen Halt zu geben. Wenn sie nur wegblicken möchte, aber unverändert starrte sie mich an. Voller Verlegenheit zwängte ich meine Beine in die Strumpfhosen und zog das Miederhöschen darüber. Dann ganz schnell hinein in den Rock, der mir half, meine Nacktheit zu verdecken. Die Wolljacke zog ich ganz eng an mich wie eine zweite Haut. Der weiche Wolleffekt zauberte ein wenig Wärme in meinen Körper. Es war, als müßte ich auch meine geschundene Seele warm verpacken. Schleunigst verließ ich den Raum, und bald stand ich im Freien. Ich wollte tief durchatmen, frische Luft tanken, aber es ging nicht. Die Brust war wie versteinert. Sie ließ sich nicht bewegen. Ich war zugeschnürt und eingeengt. Ein unsichtbares Korsett schnürte mich zusammen.

Ganz langsam machte ich mich auf den Heimweg. Fahl schien die Januarsonne durch die Zweige der nackten Bäume. Da die drei schlanken weißen Birken, die die Äste hängen ließen, als wollten sie mir sagen: „Wir trauern mit dir.“ In der anderen Ecke des Gartens stand die behäbige Rotbuche mit kräftigem Stamm und starken Ästen, die gewillt sind, ihre schwere Last des reichen Laubwerks vom Sommer zu tragen. Die Bäume gefallen mir in ihren verschiedenen Charakteren. Der majestätische Mammutbaum, der alle überragte, äugte zwischen den Zweigen hervor. Sonst kann ich mich fast nicht sattsehen an dem Wunder der Natur. Aber heute wollte keine rechte Stimmung aufkommen. Auch hatte ich das Gefühl, ich sei viel kleiner als sonst. Meine Beine erschienen mir unendlich kurz. Mit vielen kurzen Schritten erreichte ich die Haustür. Ich wollte schnell heim, ich erwartete noch ein Telefonat, das doch nicht kam. Eine vergebene Hoffnung, daß ich etwas von meinem geschundenen Herzen loswerden könne. Zu gerne hätte ich vom Erlebten erzählt. In mir tobte ein Gefühl von Scham und Wut. Am Abend wollte ich meine Schwester anrufen, sie würde mich verstehen. Doch das Telefon schepperte in einen leeren Raum. Hatten sich denn alle gegen mich verschworen?

Ich war froh, daß es Abend wurde, so mußte ich nichts mehr tun, denn ich hatte überhaupt keine

Lust, etwas anzufangen. Nach dem Nachtessen kuschelte ich mich auf der Couch ein und glotzte in den Fernseher. Auch Otto schaute fern. Ich erschrak, als neben mir eine Stimme sagte: „Hast du das gesehen?“ Ich antwortete: „Was gesehen?“ Da merkte ich, daß ich gar nichts gesehen hatte. Meine Gedanken waren ganz an einem anderen Ort. Sie beschäftigten sich mit meinem schmerzenden Körper. Ich hielt die Rücken- und Bauchschmerzen einfach nicht mehr aus. Schlurfend begab ich mich in die Küche, um nach dem Röhrchen zu greifen mit den Schmerztabletten. Meine Hand griff nach dem Wasserhahn, um das Glas mit der Tranksame zu füllen und die bittere Pille durch den Hals zu würgen. Ich wartete auf die Besserung, doch nichts geschah. Unter der Brust auf der rechten Seite quälte mich der verzehrende Schmerz. Auch der ganze Rücken schmerzte bis in den Kopf. Düstere Gedanken umnebelten mein Gehirn. Was mochte mir fehlen? War es ein Gallenstein? Oder wer weiß, war es etwas Bösartiges? Ich tauschte die Couch mit dem Bett, in der Hoffnung, dort meinen Schmerz loszuwerden. Mit allen erdenklichen Stellungen versuchte ich es. An Schlafen war nicht zu denken. Auch brach mein Elend von früher über das Dicksein wieder in mir auf. Mir kam auch die Masseurin immer wieder in den Sinn. Ich wollte es abtun, indem ich mir sagte, das sei doch eine blöde Kuh. Trotz der

„Kuh“ kam in mir kein Frieden auf. Ich mußte ihr doch den Körper bringen, den ich habe. Die soll sich damit abfinden. Wie ein Rad wälzten die Gedanken durch die Nacht. Dumpf hallten ab und zu die Kirchenglocken. Immer wieder zählte ich nach, wieviel Uhr es war. Vier Uhr, und immer noch kein Schlaf. Noch eine Tablette, ob ich das verantworten kann? Ich zählte nach, wieviele ich gestern geschluckt hatte. Ich glaube, ich nehme doch noch eine. Doch ich hätte es bleiben lassen können, auch die dritte Tablette nützte nichts. Die Gedanken kreisten weiter. Was hatte ich jetzt erreicht mit meiner Massage? Die Schmerzen waren unerträglich geworden. Dazu hatte ich noch einen Seelenschaden. Sollte ich morgen anrufen und sagen, daß ich die Massagen nicht ertrage? Aber es war ja nicht nur die Behandlung, die ich nicht ertrug. Was noch mehr bohrte, war das Dicksein, und es war die Häßlichkeit meiner Mitmenschen, die mich nie in Ruhe ließen. Als es halb fünf schlug vom Kirchturm, hatte ich mich durchgerungen, mich zu wehren. Ich blähte mich auf wie ein junger Gockel, der krähen möchte und noch keinen Ton hervorbringt, ich stellte den Kamm und dachte, ich werde es ändern. Zugleich verließ mich wieder der Mut, wenn ich daran dachte, die Wahrheit zu sagen. Wir Menschen sind in unserem Innern immer ein wenig feige. Das kam mir in dieser Nacht so richtig zum Bewußtsein.

Wenn es uns gelingt, so schieben wir jemand anderen vor. Doch in diesem Fall mußte ich ganz ehrlich zur Sache stehen. Ob ich vor diese Frau hintreten konnte und ihr ins Gesicht sagen: „Sie haben mich verletzt, und ich vertraue Ihnen meinen Körper nicht mehr an. Denn wir passen nicht zusammen." Die Schmerzen kamen mir zu Hilfe. Es war Samstag und die Praxis zu. Doch ich nahm allen Mut zusammen und setzte mich mit dem Telefon an den Tisch. Ich wählte die Privatnummer des Physiotherapeuten. Ich erzählte ihm in kurzen Sätzen mein Problem und daß keine Harmonie aufkomme zwischen seiner Angestellten und mir. So habe eine Behandlung keinen Sinn. Der Mann entschuldigte sich und kam trotz seines freien Tages in die Praxis. Er behandelte mich, denn es mußte sich unterdessen eine Entzündung im Rücken gebildet haben. Der Therapeut lieh mir auch noch ein Gerät, das mir Linderung bringen sollte. Er bemühte sich liebevoll um mich, was wie Balsam in meine Seele floß. Nun behandelte mich der Therapeut selber. Seine Hände glitten sanft über meinen Rücken. Kein Speck, der hemmend wäre, er kann es eben, er ist ein Mensch, der sich in den Nächsten einfühlen kann.

Dicksein

Kürzlich saß ich auch wieder im Zug und unterhielt mich mit der Frau gegenüber. Aber schon bald reute es mich, mit ihr ein Gespräch begonnen zu haben. Sie schaute mich immer wieder von oben bis unten an und lächelte mokant. Jedesmal, wenn sie den Mund aufmachte, um Kritisches herauszulassen, sah man die unschönen, ja geradezu grausigen Zähne und Zahnlücken. Die Frau fragte, ob ich noch nie daran gedacht hätte, eine Abmagerungskur zu machen. Ich spürte, wie es mir hochkam, und ich sah rot. Meine Antwort: „Sind dreißig Jahre meines Lebens nicht genug, in denen ich über 100 Kilo abgenommen und meiner Natur entsprechend wieder zugenommen habe?“ Und warum sie sich überhaupt dafür interessiere, ob sie wohl meine, daß Schlanksein Vollkommenheit bedeute? Ich sei auf dieser Welt noch keinem vollkommenen Menschen begegnet. Wenn die lieben Leute doch endlich lernen wollten, auf sich selber zu achten, dann wäre für alle bestens gesorgt. Ob ich dicker oder dünner bin, spielt für mich keine Rolle, ich erlaube mir, so zu sein, wie Gott mich erschaffen hat.

Wieviel Kummer, Angst und Not wären mir in meinem Leben erspart geblieben, wenn ich über meinen Körper und mein Wesen schon früher Bescheid gewußt hätte. Die Kuren hätte ich mir alle ersparen können. Wahrscheinlich wäre ich heute schlanker. Nach jeder Kur wurde ich krank und wieder ein wenig dicker. Die Ärzte stellten mich bei jeder Kontrolle auf die Waage. Wenn ich versicherte, die Diät eingehalten zu haben, glaubte mir kein Mensch. Wie eine Verbrecherin und tottraurig schlich ich mich aus der Praxis. Hunger war mein ständiger Begleiter. Dazu sollte ich noch eine Lügnerin sein.

Wie ich das alles ausgehalten habe, und das über dreißig Jahre, ist mir ein Rätsel. Ich stand ein paarmal am Rande des Zusammenbruchs. Die Medikamente für die Nerven wurden immer stärker, mein Gesicht war davon aufgedunsen. Mein ganzes Wesen war verändert. Ich konnte nicht mehr klar denken, ich war wie in einem ständigen Rausch. Bis ich endlich einen Arzt fand, der mich nie mehr auf die Waage stellte. Von da an ging es mir besser.

Durch einen Zufall lernte ich einen Naturheiler kennen. Durch lange Gespräche und Handauflegen kam ich langsam von den Medikamenten weg. Der Arzt und der Heiler ergänzten sich.

Mich kümmert heute nicht mehr, was die Leute sagen. Es wird ja ständig geurteilt und verurteilt und immer nach der Schale, die ein Mensch um seine Seele trägt. Nie wird der ganze Mensch angesehen.

Einmal wurde ich in einer Fernsehsendung sehr angegriffen. Man bezeichnete mich als kastrierte

Frau. Man behauptete, daß ich nicht beachtet werde, man gehe achtlos an mir vorüber, und daß ein Mann mit einer dicken Frau nicht schlafen könne, aus ästhetischen Gründen.

Wer gibt jemandem das Recht, so auf dicken Menschen herumzutrampeln? Nur weil er ein anderer Menschentypus ist und schlank? Die Leute sollten wissen, daß es dicke und dünne, große und kleine Menschen gibt. Jeder Mensch ist anders und einmalig. Mich beherrschte während der ganzen Sendung nur ein Gedanke: Was die hier erzählen, geht mich nichts an. Auch ein schlechtes Gewissen quälte mich nicht. Nein, mit mir nicht mehr! Früher wäre ich umgekippt und hätte mich wahnsinnig geschämt, weil ich so dick bin. Wie ein alter Krieger stand ich zum erstenmal zu mir selbst. Auf das bin ich heute noch stolz. Meine Antworten kamen gezielt und mit großem Anstand. Was man von den Angreifern nicht behaupten konnte.

Jetzt will ich einmal nicht mehr, wie die anderen mich haben wollen. Ich bin jetzt der Mensch, der ich bin. Ob ich mehr Speck auf den Rippen trage, geht niemanden etwas an. Das ist mein Körper, und ich sorge selbst dafür, daß es ihm gut geht. Nie mehr werde ich bittere Tränen weinen wegen der spitzen Zungen unwissender Menschen.

Theater

Bei 40° Fieber und Schüttelfrost klapperten meine Zähne aufeinander. Ich fühlte mich hundeelend. Kaum bewegte ich eine Zehe, wurde ich von neuem wie durch eine unsichtbare Hand geschüttelt. Ich wollte doch dabei sein. Heute abend war in Genf die Premiere des Theaterstückes *Grosse et Bête* mit der Pariser Schauspielerin Michèle Gleizer, die in einem Monolog zwei Stunden ganz allein auf der Bühne stehen würde.

Außer ein paar Telefonanrufen blieb der Tag still. Die Schweizerische Depeschenagentur rief mich an. Sogar in den Nachrichten wurde gemeldet, daß ich mit einer Nierenbeckenentzündung im Bett liege. Ich war sehr traurig. Am Abend kam mein Heiler zu mir. Er behandelte mich mit seinen Wunderhänden. Der Heiler verschwand in der Küche und brachte mir etwas zu trinken. Er hieß mich, langsam aufzustehen. Es gelang mir wirklich, ohne zu schlottern das Bett zu verlassen. Ein paar Tage später stand ich wieder auf den Beinen und konnte meinen Verpflichtungen nachgehen. Zu der Zeit hatte ich in der französischen Schweiz viel zu tun. Meine Verlegerin dort verriet mir, daß es bislang noch keine Deutsch-Schweizerin geschafft habe, so gut anzukommen wie ich. Ich hatte gute Kritiken, und die Menschen waren sehr nett zu mir. Es war nur schade, daß ich ihre Sprache nicht verstand. Das konnte ich meiner Madame schlecht verzeihen, daß sie mich als Dienstmädchen nur ausgebeutet hatte und ich nicht einmal die Sprache lernen durfte. Ich hätte sie jetzt gut gebrauchen können.

In Vevey gab es ein Gastspiel des Theaters. Der Theaterdirektor gab sich große Mühe, etwas Gutes zu machen. Ein paar Tage vor der Vorstellung holte er bei mir Bilder für eine Ausstellung ab. Am Sonntag morgen fand eine Matinée statt. Ich war froh, daß ich meinen französischen Übersetzer zur Seite hatte. Es war für mich eine große Erleichterung, wenn der Mann mich begleitete. Wir waren schon einmal zwei Tage zusammen, als das französische Fernsehen bei mir war. Der Mann verleiht mir Sicherheit.

Otto war mitgekommen, auch meine Schwester und ein befreundetes Ehepaar waren dabei. Ich mußte sie dem Schicksal überlassen. Ich gehörte nur noch der Presse und den Menschen, die meinetwegen gekommen waren.

Am Montag besuchten wir noch das Theater. Ich war tief erschüttert von der Ähnlichkeit der Schauspielerin mit mir in jungen Jahren. Leider verstand ich kaum ein Wort und mußte mich mit der Handlung zufrieden geben. Mit der Schauspielerin konnte ich mich nur über eine Dolmetscherin unterhalten, die mir zur Verfügung stand. Der Blumengruß, den ich Michèle überreichte, und die herzliche Umarmung brauchten keine Worte.

Ein Sonntag

Nach Wochen hatte ich einmal wieder eine gute Nacht verbracht. Zehn Stunden Schlaf mit kurzen Unterbrechungen. Als ich die Augen aufschlug, erwartete ich, daß ich munter und voller Elan sei. Doch die Energie reichte nur bis zum Bettrand, wo ich mich gleich wieder hinsetzte, um eine Weile zu verharren bis ich genug Energie gesammelt hatte, um mich zu erheben und ins Badezimmer zu gehen. In der Küche braute ich mir einen schwachen Kaffee, um den Magen zu schonen. Am Küchentisch sitzend, schlürfte ich die Brühe aus der braunen Tasse. Durchs Fenster drangen die Kirchenglocken, die ich sehr liebe. Auch die Sonne schob sich durch die Wolkenwand. Ich holte das Brot aus dem Küchenschrank, um es gleich wieder wegzulegen. Ich verspürte keine Lust zu essen. Der quälende Schmerz in meinem Rücken machte sich wieder bemerkbar. Seit zehn Wochen litt ich schon daran. Ich saß und dachte nach. Was in aller Welt war mit mir los? Wie sollte ich den heutigen Tag verbringen? Sollte ich mich aufraffen, um mit dem Mann einen Spaziergang zu machen? Der Gedanke wurde gleich wieder unter den Tisch geschoben. Noch enger zog ich mein grünes Nachthemd um meinen Körper. Nein, ich mochte es nicht mit Kleidern vertauschen und mich anziehen. Ich hatte einfach zu überhaupt nichts Lust. Das schlechte Gewissen meldete sich. Man muß doch irgend etwas tun. In mir hörte ich die Gegenstimme: Du mußt gar nichts. Von den zwei Stimmen wurde ich hin und her gerissen. Etwas tun oder nichts tun? So entschloß ich mich immerhin, das Mittagessen zu kochen.

Gestern hatte ich mir fest vorgenommen, mich heute an den Tisch zu setzen und die Briefe zu beantworten. Es ist ein großer Stapel geworden. Ich ging am Tisch vorbei und schloß die Augen, um die Unordnung und die auf Antwort wartenden Kuverts nicht mehr zu sehen. Was sollte ich den Leuten schreiben, wenn es doch in mir nicht gut aussah? Etwa, daß ich rasende Rückenschmerzen hatte? Um mich selber zu entschuldigen, sagte ich mir: „Es ist Sonntag, und du hast auch ein Recht, an diesem Tag einfach nichts zu tun. Die Leute müssen eben warten. Basta!" Meine Hände glitten vom Tisch, die Briefe blieben geduldig liegen. Mit einem kleinen schlechten Gewissen kuschelte ich mich unter die Wolldecke auf der Couch. Wozu hatte man ein solches Möbelstück, wenn man es nicht benutzte?

Nicht lange konnte ich mich an der wohligen Wärme freuen. Es klingelte an der Haustür. Da mußte sich jemand verirrt haben, ich erwartete keinen Besuch. Verflixt und zugenäht, ich glänzte ja immer noch im Trikotnachthemd, als ich meinen Mann sagen hörte: „Komme nur herein."

Die Präsidentin vom Turnverein stand im Zimmer. Sie überbrachte mir die Medaille mit Anstecker und Blumen für 25 Jahre Mitgliedschaft. Vor ein paar Jahren wäre ich überglücklich gewesen über die Ehrung. Da hätte ich auch mit großen Schmerzen an der Hauptversammlung teilgenommen. Seit mein Buch erschienen ist aber hat sich auch in dem Verein vieles geändert. Ich fühle mich nicht mehr wohl unter den Frauen. Viel Neid und Eifersucht hat sich breitgemacht. Immer wieder höre ich: „Ich gönne es dir, aber es ist einfach nicht recht." – „Was ist nicht recht?" – „Es könnten noch viele ein Buch schreiben, es ist vielen schlecht ergangen. Aber wir behalten es lieber für uns und hängen es nicht an die große Glocke und werden dann noch reich dabei." Wer hat den Neidern verboten, ein Buch zu schreiben? So meiden die Frauen mich, wenn ich mich zu ihnen an den Tisch setzen will. Ich bringe kein Gespräch mehr zustande. Zuviel ist über mich getratscht worden, zuviel Lügen wurden erzählt. So ist für mich kein Platz, kein Stuhl mehr frei. Wieviele Male in den letzten drei Jahren hätte ich eine Freundin gebraucht, der ich von den vielen neuen Erlebnissen hätte erzählen können? Doch plötzlich stand ich alleine da. Ich mußte selber damit fertig werden. Niemand war da, der stolz auf mich war, niemand, der sagte: „Das hast du gut gemacht." Wenn ich eine Turnkameradin oder Bekannte auf der Straße traf und sie mich fragte, wie es mir gehe, gab sie sich die Antwort selbst: „Dir geht es ja gut, da braucht man gar nicht zu fragen.“ Am Anfang floß mein volles Herz noch über, und ich erzählte ein paar Erlebnisse. Da sah ich, wie die Leute gelangweilt in der Gegend herumschauten. Wenn ich sie fragte, wie es ihnen gehe, da kam ein ganzer Wasserfall auf mich zu. Geduldig hörte ich zu, wie groß und gut sie selber waren. So habe ich gelernt zu schweigen. Das Erlebte erzähle ich nur noch den wenigen, die es wissen möchten.

Während die Präsidentin bei mir war, kamen mir all die Begebenheiten in den Sinn, und ich fühlte ganz deutlich, daß sich unsere Wege getrennt hatten. Ich lebe in einer anderen Welt, in der ich neue Stege und Freunde finden werde. Oder auch schon gefunden habe. Die Frau nahm bald die Türfalle in die Hand und ging.

Ein Frösteln schüttelte meinen Körper, und ich suchte die Wärme unter der Decke. Am Abend hatte ich ein längeres Telefongespräch mit meiner Schwester. Sie erzählte mir, wie sie sieben Stunden an ihrem neuen Computer gearbeitet hätte. „Wo, um alles in der Welt, nimmst du die Energie her, um immer Neues zu lernen? Du arbeitest fast jeden Tag zwölf bis vierzehn Stunden. Sag mal, wie machst du das? Ich bin so faul, ich habe keinen Elan und überhaupt nichts mehr in meinen Knochen.“ Ihre

Antwort: „Ich muß – unbedingt muß ich mein neues Kursprogramm zusammenstellen. Es duldet keinen Aufschub mehr. Wenn man muß, dann geht es eben.“ Sie sagte zu mir: „Du hast doch die Möglichkeit, es hinauszuschieben.“ Der Gedanke ließ mich nicht mehr los. Hinausschieben, ja, ja, das war es, woran meine Faulheit lag. Hatte ich wirklich die Zeit, alles hinauszuschieben?

Wie oft in letzter Zeit wälzte ich mich schlaflos im Bett herum. Ich versuchte, den Rücken immer wieder in eine neue Lage zu bringen, um die rasenden Schmerzen loszuwerden. Nichts half. Ich drehte das Licht an, um in meinem Ägypten-Buch zu lesen. Schon rührte sich der Mann im anderen Bett, der durch das Licht aufgewacht war. Zum Donnerwetter, hätte ich doch nur ein eigenes Zimmer, wo ich ohne schlechtes Gewissen in der Nacht lesen könnte, statt stundenlang ins Dunkle zu starren. So schaltete ich das Licht wieder aus. Was mag das für ein Narr gewesen sein, der das gemeinsame Schlafzimmer erfunden hat? Aufstehen konnte ich auch nicht, denn die Heizung ist in der Nacht abgestellt und die Wohnung kalt. Zu kalt, um etwas zu arbeiten. So blieb mir nichts anderes übrig, als im Bett zu verharren. Ich versuchte, ganz still zu werden und an gar nichts mehr zu denken, jegliche Gedanken abzuschalten und nur ich selber zu sein. Dabei bin ich eingeschlafen. Doch nach kurzer Zeit haben die Schmerzen mich wieder geweckt. Ich fing an, mir zu überlegen, wann eigentlich die Rückenschmerzen angefangen hatten. Der Arzt hatte mich untersucht und nichts wesentliches festgestellt. Das heißt, ich war organisch gesund. Es mußte von der Psyche kommen. Was war los, warum hatte ich einen steifen Rücken, was wollte er nicht mehr tragen? Ich stellte meinem Rücken Fragen. Warum mag ich nicht mehr arbeiten? Warum ist mir alles zuwider? Auf einmal wurde mir manches klar. Was hatte die Schwester am Telefon gesagt? Eine Aufgabe, Müssen, dann geht es eben. Über die Festtage hatte ich Pause, keine Lesungen mehr. War es das?

Noch ein anderes Licht ist mir aufgegangen. Ich getraue mich fast nicht, es zu schreiben. In den Sommerferien wurde ich sehr krank. Hohes Fieber und Schüttelfröste hielten mich im Bett. Mein Mann brachte mir Tee aufs Hotelzimmer. Da fing meine Misere an. Zur gleichen Zeit wurde mein Mann Rentner. Kaum daß ich wieder konnte, arbeitete ich wieder. Ich hatte viel im Kanton Zürich zu tun und mußte viel reisen. Was ich nicht mehr schaffte, war der Haushalt. Oft mußte ich am Mittag weg und hatte nichts zum Essen, weil ich nicht zum Kochen kam. Die Kraft reichte einfach nicht mehr aus. Die Nierenbeckenentzündung hatte mich sehr geschwächt.

Otto fuhr mich mit dem Auto an den Bahnhof. Da sagte ich zu ihm: „Es ist etwas Himmeltrauriges. Jetzt muß ich nach Zürich fahren mit einem großen Loch im Bauch. Ich habe solchen Hunger, und zu Hause haben wir nie etwas zu essen. Und so soll ich arbeiten und auch noch etwas Gescheites erzählen!"

In Zürich erwartete mich ein anspruchsvolles Publikum. Zur Lesung gab es Kaffee und Kuchen. Ich spürte wieder meinen nagenden Magen. Ich wußte, daß ich Kaffee und Kuchen nicht vertrug und hatte trotzdem ein Stück gegessen. Eine Zuhörerin kam auf mich zu, sie sagte: „Kennst du mich nicht mehr? Wir sind zusammen in die Unterweisung gegangen." Ja, nun erkannte ich sie wieder, und ich freute mich sehr, sie nach fast fünfzig Jahren wiederzusehen. Leider merkte ich bald, daß sie mir nicht mehr gut gesonnen war. Sie verkehrte viel in meinem Geburtsort. Leider haben sie dort vergessen, was damals war, oder es gar nicht mitbekommen. Es wurde angezweifelt, ob das Buch wahr sei. Schade, ich hatte sie immer sehr gern gehabt. Doch die Frau war ins feindliche Lager übergelaufen. Es kostete mich viel Kraft, das alles einzustecken.

Sehr müde kehrte ich am Abend nach Hause zurück. Zu meiner Überraschung hatte Otto eingekauft, und es gab etwas zu essen. Mein Appetit war nicht mehr groß, ich war zu müde.

Otto übernahm für die nächste Zeit die Küche und einen Teil des Haushalts. Das half mir sehr. Von September bis Weihnachten war es sehr anstrengend. So haben wir unsere Rollen vertauscht. Aber so glatt ist es doch nicht gelaufen. Vierzig Jahre bin ich eine sehr pflichtbewußte Hausfrau gewesen, die immer zu Hause war und das Nachtessen auf den Tisch stellte, wenn der Mann am Abend über die Schwelle trat. Ich hatte für das Wohl meiner Familie gesorgt.

Ich hatte die Vorstellung, daß der neue Zustand nur vorübergehend wäre und ich das Zepter wieder übernehmen könnte, wenn ich die Zeit dazu hätte. Ständig hatte ich ein schlechtes Gewissen. Ich litt, weil ich das Gefühl hatte, meine Pflichten nicht mehr zu erfüllen. Auch machte mir Ottos Pensionierung heillose Angst. Mein Leben hatte ich mir eingerichtet auf zwölf Stunden Alleinsein am Tag. Von einem Tag auf den anderen würden wir jetzt 24 Stunden auf engem Raum zusammen sein. Vorbei wäre meine Freiheit. Wie sollte ich das aushalten? Zuviel hatte ich in letzter Zeit von Frauen gehört, daß die Männer sich, wenn sie zu Hause seien und keine Aufgaben mehr hätten, zu ausgewachsenen Ekeln entwickelten und der Hausfriede ständig schief hänge. Ja, irgendwo müssen die Männer wieder einen Wirkungskreis haben. Was liegt da näher, als die eigene Frau herumzudirigieren? Durch das viele Alleinsein bin ich zu selbständig geworden, um mich noch unterzuordnen. Was würde mich erwarten? So war ich froh, als Otto einen Teil des Haushalts übernahm. Natürlich macht er vieles anders als ich, aber das ist nicht wichtig. Ich bin zu der Erkenntnis gekommen, daß der Haushalt nicht nur mir gehört, sondern auch meinem Mann. So hat er auch Pflichten, er muß mithelfen, die Festung zu halten.

Vor mir lag eine mehrtägige Reise. Wieder stand ich da mit einem schlechten Gewissen, weil ich Otto so lange alleine ließ. Dieses beklemmende Gefühl: Handle ich richtig oder falsch, wenn ich wegfahre? Ich schaute den Mann an, der neben mir auf dem Bahnsteig stand. Ich mußte sagen, der sah wirklich erwachsen aus und war sicher fähig, sich selber durchzubringen. Warum glaubte ich immer, ihn noch bemuttern zu müssen? Er muß doch selber etwas finden, was ihm Freude macht.

Otto hat sich inzwischen als Rotkreuzfahrer angemeldet. Er wird betagte Menschen zum Arzt fahren oder ins Spital. So wird er sicher eine dankbare Arbeit finden, bei der er gebraucht wird. So geht immer wieder ein Törchen auf, wenn man gewillt ist, über die Schwelle zu schreiten. Aber es tut niemand für uns. Wir selber sind die Drahtzieher. Bei uns liegt es, etwas aus uns zu machen. Man muß unendlich hart zu sich selber sein. Der Erfolg wird sich einstellen. Man sieht es deutlich: Alle älteren Menschen, die etwas tun, gleich was, sind geistig gut beieinander.

Meine Schwester

Ein Tag wie jeder andere, und doch hatte dieser Tag sein Besonderes. Meine Schwester und ich wurden zusammen fotografiert, und zwar für die Rubrik *Prominente Frauen und ihre Freundinnen.*

Meine Schwester liebt mich, sie ist treu und absolut verschwiegen, meine Beraterin und Vertraute. Neid und Mißgunst kennt sie nicht. Soviel Fähigkeiten für eine Freundschaft bringt kaum eine Frau mit.

Nach dem Fotografieren trafen wir uns mit meinem Mann im Co-op-Restaurant zum Kaffee. Wir setzten uns an einen Tisch, an dem eine Patientin meiner Schwester saß. Wir diskutierten noch über meinen Erfolg. Wir erzählten der Frau, was wir nachmittags gemacht hatten. Als meine Schwester am Montag danach in der Praxis den Anrufbeantworter abhörte, hatte die Frau eine Nachricht hinterlassen. Da meine Schwester jetzt mit mir Karriere machen wolle, sei sie sicher froh, wenn sie nicht mehr so viele Patienten habe. Sie solle sie und ihren Mann aus der Agenda streichen. Dabei war die Frau schon seit zehn Jahren regelmäßig in die Massage gekommen. Daß die Frau nicht mehr kommt, ist für meine Schwester kein Verlust, aber es tut mir sehr weh, wenn sie immer wieder meinetwegen leiden muß. Ich bin sehr stolz auf meine Schwester, und ich habe eine sehr große Achtung vor ihr. Sie hat unendlich viel aus eigener Kraft geschafft in ihrem Leben. Alles, was sie erreicht hat, mußte sie sich sehr hart erarbeiten. Seit zehn Jahren ist sie ständig am Lernen und bildet sich weiter. Ich bewundere sie, daß sie trotz täglicher Kopfschmerzen und sonstiger Leiden nie aufgibt. Nie hat sie schlechte Laune, ständig ist sie darauf bedacht, anderen Menschen zu helfen. Sie ist ein beispielhafter, bewundernswerter Mensch. Deshalb tat es mir sehr weh, daß sie wegen mir so beschimpft und von der ganzen Verwandtschaft ausgestoßen wurde. Daß mir das geschieht, berührt mich nicht mehr. Ich bin es gewohnt von früher, ich hörte ja nicht viel anderes. Aber daß sie meine Schwester so beschimpfen, ist unter jeder Würde. Sie hält zu mir, weil sie ihre Kindheit und Jugend genau so erlebt hat wie ich. Sie hat nicht im Sinn, sich selber und anderen eine heile Welt vorzulügen. Es war eben so, wie ich es in meinem Buch beschrieben habe. Nur hatte sie in ihrer Kindheit eine Bauernschläue, die mir abging. Sie war frecher als ich. Ein Beispiel: Der Stiefvater hatte uns „Bastarde" immer zum Teufel gejagt. Einmal sagte er auch meiner Schwester: „Mach, daß du zum Teufel kommst." Da stellte sie sich vor Köbu auf und entgegnete, der Teufel habe gesagt, eine, die von Köbu komme, könne er nicht gebrauchen. „Du mußt doch immer das letzte Wort haben", antwortete er. Sie habe doch nicht gewußt, daß er nichts mehr sagen wolle. Auch wenn mich viele Mitglieder meiner Familie verstoßen haben – das kostbarste Juwel der Verwandtschaft ist mir geblieben.

Briefe

Über zwei Jahre war meine Freizeit ausgefüllt mit Briefeschreiben. Mehr als tausend Briefe flatterten in meinen Briefkasten. Menschen, die sich von mir verstanden fühlten. Leute, die ähnliches wie ich erlebt hatten. Sie haben darüber geschwiegen. Niemand getraute sich, darüber zu sprechen. Viele Menschen haben mir gesagt, daß sie nach dem Lesen von *Dumm und Dick* in der Familie zu reden angefangen hätten. Noch nie sei es vorgekommen, daß sie ihrem Partner so offen alles erzählen konnten, was sie quälte.

Wenn ich die Briefe lesen konnte und eine Anschrift hatte, erhielt der Schreiber nach Möglichkeit eine Antwort. Anonyme Briefe konnte ich leider nicht beantworten.

Hier eine Auswahl *aus den Briefen* und meinen Antworten:

Im vorigen Sommer haben Sie mir geschrieben und mir Mut gemacht. Seitdem denke ich viel über ihre Worte nach. Sie schrieben mir, harte schwere Tage lassen uns selber in uns wachsen. Damals glaubte ich nicht daran. Nun weiß ich, daß es wahr ist. Ich kämpfe und weine schon seit zwei Jahren. Noch bin ich nicht geschieden. Auch um mein Elternhaus kämpfe ich, aber ich glaube, da muß ich aufgeben. Habe ich in den letzten zwei Jahren nicht mehr daran gedacht, meinem Leben ein Ende zu machen, so überfallen mich diese Gedanken nun wieder, wie vor vier Jahren. Sie nehmen Besitz von mir, und ich sehne mich danach, nur noch zu schlafen, für immer. So viele Ehen werden geschieden, so viel Leid gibt es auf der Welt. Langsam habe ich mich mit dieser Situation abgefunden. Da kommen neue Sorgen. Die Tochter, die ich über alles liebe, die durch dick und dünn zu mir gehalten hat, hat sich verliebt. Das ist natürlich schön. Es ist für beide die große Liebe. Der Junge ist sehr gescheit, und doch habe ich Unfrieden im Haus. Der junge Mann hat sich bei mir eingenistet, ißt, schläft und badet bei mir, nur dazu beisteuern tut er nichts, trotzdem er gut verdient und ich kaum überleben kann. Die Tochter, bisher immer gut zu mir, hält jetzt immer zu ihm. Wenn ich mit ihr reden will, schreit sie mich an. Das macht mich traurig. Beide nehmen mich aus, und ich kann mich nicht wehren. Sie hat einen viel stärkeren Willen und setzt ihn auch durch. Um des Friedens Willen gebe ich immer nach. Aber ich spüre, daß ich krank werde. Beide sind rücksichtslos. Das war ich von der Tochter nicht gewohnt. Bitte, Frau Buri, helfen Sie mir. Wie soll ich mich verhalten? Ich habe geglaubt, daß ich es lerne zu leben, aber ich bezweifle es.

Ich verstehe die Frau. Sie macht einen harten Prozeß durch. Die Loslösung von ihrer Tochter fällt ihr sehr schwer. Bis jetzt hatte sie eine Stütze an ihr, jetzt fühlt sie sich allein gelassen. Die Frau möchte jeden Streit vermeiden aus Angst, die Tochter auch zu verlieren. Sie hat ja schon den Mann hergeben müssen. Nun fehlt ihr der Mut, sich durchzusetzen und das in ihrem Leben zu ändern, was sie quält. Sie leidet und sie fühlt, daß sie krank wird. Dann müßte die Tochter sich um sie kümmern. Flucht des Unbewußten in die Krankheit. Oder das Leben wegwerfen, dann müßte sie nicht gerade stehen und die Böse machen. Es ginge so einfach, sich aus dem Leben zu schleichen.

Meine Antwort:
Ich habe Ihren Brief erhalten. Leider steht nicht viel Positives darin. Ich sehe, daß Sie sich im Moment in einem Loch befinden. Aber da müssen Sie wieder hinaus. Es hat keinen Sinn, sich das Leben zu nehmen. Sonst finden Sie im Himmel keine Ruhe. Wenigstens dort möchte man doch den Frieden finden. Deshalb, halten Sie durch! Sie müssen etwas in Ihrem Leben ändern. Daß der Freund Ihrer Tochter Sie ausnützt, geht natürlich nicht. Lassen Sie bei einer Beratungsstelle einen Kostenvoranschlag machen. Dann reden Sie mit dem Burschen. Sagen Sie ihm, daß es Ihnen nicht möglich sei, alle Kosten

selber zu tragen. Sagen Sie ihm ruhig und klar, daß Sie ihn lieb haben und daß Sie sich freuen an ihrer Liebe. Daß Sie bereit sind, zu ihrem Glück beizutragen, wenn sie Ihnen auch entgegenkommen. Liebe sei ein Geben und Nehmen. So kommen alle auf ihre Rechnung und der Friede ist gesichert. Es hat keinen Sinn, aus dem Leben zu gehen, sondern man muß die Probleme lösen. So kommen Sie im Leben weiter, und es wird auch für Sie wieder die Sonne scheinen. Und Sie werden stolz auf sich selber sein, weil Sie es geschafft haben.

*

Liebe Frau Rosmarie!
In der letzten Nacht las ich Ihr Buch. Ich bin vier Jahre älter als Sie. Sehr viel ist mir wohlbekannt. Erziehung, Umwelt und Kampf. Heute schrieb ich zuerst ins Tagebuch und dann erst an Sie. Eine Frage: Wurden Sie von einem Psychiater oder Psychologen ermuntert, Ihren Jugendfrust abzulegen? Ich erlaube mir als von der Ehe gebrannte Frau noch die Frage: Hatten Sie nie einen Ehefrust? Mein Mann ging von mir weg. Er lebt jetzt bei seiner alten Mutter. Auch dies zu verarbeiten, macht mich frei. Kein Psychiater noch Psychologe hätte mir die Erkenntnis gegeben. Es waren Frauen in ähnlichen Situationen, die mir Kraft, verschüttetes Selbstvertrauen, die Liebe, ja, besonders die Liebe zu

mir selber bestätigten. Denn wir Frauen sind eine nicht zu unterschätzende Kraft. Meine Frauen sind fast alle vollschlank. Deshalb sind mir auch Ihre Nöte wohlvertraut.

★

Frau Rosmarie Buri,
ich bin eigentlich ein Mensch, der nach dem Motto lebt, leben und leben lassen. Bei Ihnen muß ich nun eine Ausnahme machen.

Schon zweimal habe ich Ihnen zugehört, einmal am TV-Zischtigs-Club, letztes Mal am 10. 7. am Radio, aus dem einfachen Grunde, weil ich immer zuerst zuhöre, was ein Mensch erzählt, bevor ich mir ein Urteil bilde. Aber ich muß Ihnen ehrlich gestehen, am Mittwoch konnte ich nicht mehr zuhören, es war einfach zu viel, was Sie da über den Sender ließen. Deshalb stellte ich das Radio ab.

Die einzigen, die Ihnen applaudieren, sind doch die Übergewichtigen, leider gibt es von dieser Sorte viel zu viele, und nur deshalb haben Sie ein so großes Echo. Ich persönlich finde es einfach eine Schande, daß Sie aus Ihrem Dicksein auch noch Kapital schlagen, das erinnert an frühere Zeiten, wo man auf dem Jahrmarkt die „Dicke Berta" anschauen konnte.

Sie wurden gefragt, ob es Ihnen nichts ausmache, in eine Badi zu gehen, worauf Sie „kess" antworteten –

selbstverständlich, das ist ja nicht mein Problem!!! Sie haben teilweise Recht, denn es sind die anderen, welchen „speiübel" wird, wenn sie fette und unästhetische Mitmenschen um sich herum haben. Ich kann Ihnen versichern, ich rede aus eigener Erfahrung, denn ich hatte vor zehn Jahren meine Schwiegermutter für zwei Monate zur Pflege, sie wog damals 115 Kilo.

Ohne es zu übertreiben, aber ich brauchte jedesmal eine wahnsinnige Überwindung, um diese Frau zu waschen etc. Meinen Kindern habe ich diesen Anblick niemals erlaubt.

Was ich aber bei Ihnen am meisten verurteile und echt gemein finde, ist Ihre „Schuldabschiebung" auf Ihre Mutter. Ich kann Ihnen versichern, wenn ich meine ganz schlimme, gemeine & verratene Jugendzeit in Essen umsetzen würde, wäre ich über 200 Kilo. Vergessen Sie niemals, es gibt WIRKLICHE, SCHLIMME, BRUTALE KINDERSCHICKSALE, dagegen war Ihres ein Honiglecken.

Man kann in Ihrem Alter nicht alles auf eine unschöne Jugend abschieben, das ist FEIGHEIT & FAULHEIT, denn JEDER nimmt irgendwann sein Leben selbst in die Hand, macht daraus für sich das Beste oder besser gesagt, je nach Charakter, aber die Mutter hat darauf keinen Einfluß mehr.

Sie sagen, das Dicksein wäre nicht mehr Ihr Problem, das stimmt überhaupt nicht, Sie verstecken sich jetzt einfach hinter Ihrem Buch, aber SIE SELBST haben noch sehr große Probleme. Dicksein ist nicht angeboren, sondern angefressen!!! Sorgen hatte ich in meinen 48 Jahren zehnmal mehr als eine Durchschnittsfrau, aber ich bin nur 53 Kilo bei einer Größe von 1,68, aber durch verzichten & vernünftiges Essen, nicht von Natur aus.

Versuchen Sie einmal, die SCHULD bei Ihnen selbst zu suchen, bevor Sie sie auf andere abschieben, vielleicht Ihren Kindern zuliebe.

(anonym)

★

Sehr geehrte Frau Buri,
mit großem Interesse und viel Betroffenheit haben meine Frau und ich Ihr Buch verschlungen. Dumm sind Sie ganz sicher nicht, sondern eine sehr feinfühlige Person. Und Schönheit ist sowieso ein relativer Begriff. Auf jeden Fall sind Sie eine echte Persönlichkeit mit viel Mut. Angesprochen hat uns Ihr Buch schon allein deshalb, weil wir mit Ihnen, zum Teil aufgrund eigener Erfahrung, lebhaft mitfühlen konnten. Meine Frau war schon in der Schule dick und wurde deswegen gehänselt und von ihren Mitschülern zur Außenseiterin degradiert. Heute trägt sie Kleidergröße 48, und wir sind zusammen glücklich.

★

Aus Deutschland bekam ich einen Brief. Eine Frau bat um meine alten Kleider. Sie sei sehr arm, und sie könne sich keine neuen Kleider leisten. So nahm ich mir die Mühe, suchte die Kleider zusammen und packte sie in einen großen Karton. Mein Mann brachte das schwere Paket zur Post. Für das Porto bezahlten wir 36 Franken. Ein Danke habe ich nie erhalten.

*

Auf meinem Tisch liegt ein Brief, der mich sehr bewegt hat.

Liebe Frau Rosmarie!
Gestatten Sie, daß ich Sie schon so nenne. Dieser schöne Name begleitete Sie schon durch Ihre Kindheit und trug alles mit. Ihr Mann Buri – was ist mit ihm? Die „Erste Liebe" in Ihrem Buch ist gut dargestellt.

Zu meiner Person: Das Geburtsjahr möchte ich erst verraten, wenn wir uns besser kennen. Ich bin ein Waage-Venus-Geborener. Venus, die Göttin der Schönheit und der Liebe, gab mir ein angenehmes Äußeres und den Hang zur Kunst et cetera. . . Ich bin viel älter als Sie. Durch mein weißes Kopfhaar schimmert nur noch ganz winzig mein sehr helles Blond. Mein Gesicht, mein ganzer Körper hat nicht ein Fältchen. Ein Arzt: „Leib wie ein Zwanziger." Mein

Test lautet: organisch gesund. Ich leide nur sehr an Blutkreislaufstörungen. Ich kann schmerzlos gehen, doch nach der kleinsten Arbeit, kochen und Unkraut jäten, habe ich Rückenschmerzen. Deshalb hätte ich gerne eine Lebensgefährtin, die den Haushalt führt. Natürlich auch, um mit ihr zu plaudern, sie zu lieben. Ich bin erotisch noch auf der Höhe, könnte noch Beischlaf vollziehen, doch liebe ich mehr das Küssen und Streicheln, das Spiel. Und wenn wir zusammen kämen, würde ich besonders die Stellen küssen, die geschlagen wurden.

Wenn Sie Witwe würden, hätten Sie die Hälfte meiner Rente. Ich bin wie Sie ein gläubiger Mensch und möchte den Weg der Nächstenliebe gehen. Schöner wäre ein gemeinsamer Lebensweg mit Partnerin. Nicht essen, weil es ein Genuß ist, sondern um gesund zu bleiben. Ich wünsche mir vor allem, Sie, die viel Leid erfahren hat, nie kränken zu müssen, falls wir zusammenkommen.

Einen solchen Liebesbrief hatte ich noch nie erhalten. Der Mann meinte es ehrlich, nur frage ich mich, ob er nicht mehr ein Dienstmädchen suchte, und meine Dienstmädchenzeit habe ich schon hinter mir.

Ich schrieb dem Herren, daß ich meinen Partner über alles liebe. Ich hätte nicht im Sinn, mein Leben zu verändern. Ich plante, ein neues Buch zu schreiben. Zum Unkrautjäten könne man meinen kranken Rücken auch nicht mehr gebrauchen. Wenn ich mir vorstelle, daß neben mir im Bett ein fremder Mann liegt, den ich gar nicht liebe, und noch die Küsse spüre auf meinem Körper, da läuft mir ein kalter Schauer über meinen Rücken. Sachen gibt's.

*

Nach einer Lesung in Deutschland erhielt ich einen Brief vom Buchladen, der mich sehr freute und mir die Gewißheit gab, daß mein Schaffen einen Sinn hat:

Wir haben auch nach der erfreulichen Lesung noch einige Bücher verkauft. Für einige der anwesenden Frauen scheint diese Vorstellung ein Mitreißer zu sein. Die Frauen wollen jetzt auch etwas aus ihrem Leben machen. Ich spreche Ihnen im Namen der Frauen einen herzlichen Dank für's Mutmachen aus.

*

Frau Rosmarie Buri,
wer die Hand an den Pflug legt und zurückschaut auf die krummen Furchen, ist nicht geschaffen für das Reich Gottes.

Frau Buri, Sie glauben an Horoskope. – Ach Gott, also doch dumm! In der kommenden, stillen Zeit finden sich, das hoffe ich gerne, Stunden der Einkehr für die heilige Schrift. Das ist für Sie mein Wunsch!!!

Denken Sie an das Jesuskind in der Krippe in Armut oder an den Heiland. Er, der unschuldig am Stamm des heiligen Kreuzes für uns alle gelitten hat auf Golgatha.

(anonym)

★

Sehr geehrte Frau Buri,
Ihr Buch las ich zweimal, das ist für einen alterfahrenen Verleger ein seltener Fall. Ich fand tausend Parallelen zu meiner Jugend, tausend ähnliche bis völlig übereinstimmende Erlebnisse. Ich bewundere Ihre Kraft seelischen Erlebens. Ihr Gedächtnis und Ihre tiefe Soldarität. Ich glaube auch zu wissen, weshalb Ihr Manuskript nicht ohne Leidensweg und Umwege zum Buch wurde.

Ich gratuliere Ihnen herzlich zu Ihrem Bucherfolg, noch mehr aber zu Ihrer Mitmenschlichkeit und Ihrem Lebensmut.

Herzlich habe ich mich gefreut, von einem Fachmann verstanden worden zu sein. Warum mein Manuskript immer wieder bei mir landete, weiß ich heute auch. Ich selber mußte einen Prozeß durchmachen. Zuerst mußte ich lernen, mich in der Welt zu behaupten. Ein wenig Selbstvertrauen erwerben. Das bekam ich, als ich Kurse gab. Ich mußte zuunterst auf der Leiter anfangen. Stufe um Stufe habe ich mich aus eigener Kraft hochgearbeitet. Auf einmal stimmte alles. Ich fand den richtigen Verleger, der mich versteht und zu mir paßt. Es kam alles von allein, wie durch Gottes Hand, woran ich auch glaube.

⋆

Liebe tapfere Frau Rosmarie Buri,
Sie haben ein wunderbares, großartiges, himmeltrauriges, beklemmendes Buch geschrieben. Ich bin erschüttert, traurig, gerührt und tief betroffen.

Immer wieder fragte ich mich während des Lesens, wie haben Sie dieses Leben, das Elend, die Schläge, den Hunger, die Quälereien und die Ungerechtigkeit nur ausgehalten? Oft konnte ich vor lauter Tränen nicht mehr weiterlesen. Ich habe mit Ihnen geweint, gelitten und gezittert. Was mich am meisten berührt, ist ihre Demut, Ihre Ergebenheit, Ihr Sichfügen und Leiden ohne zu klagen. Trotz Ihrem unmenschlichen Schicksal schreiben Sie ohne Haß, Wut und Bitterkeit. Wie konnten Sie dieses Elend nur aushalten, woher nahmen Sie die Kraft, dies alles zu ertragen? Wie Sie schreiben, hatten Sie keinen Menschen, mit dem Sie reden konnten, niemanden, der Sie liebte oder Ihnen auch nur ein bißchen Wärme und Geborgenheit schenkte. Ihr Elend, Ihr Schmerz, das Gefühl von Einsamkeit und Verlassensein muß entsetzlich gewesen sein für Sie. Trotz Ihrem abgrundtiefen Leid stehen mittendrin in dieser tödlichen Kälte wieder wunderbare Sätze voll Poesie, und Sie erzählen von Ihrer Fähigkeit, sich an der Natur, all dem Schönen und besonders an den Blumen zu freuen. Immer wieder war ich aufs neue erstaunt, wenn sich diese reinen lichten Betrachtungen in Ihr Dunkel schlichen. Aber gleichzeitig wurde mir auch bewußt, wie sensibel Sie waren, wieviel Gefühl, Freude, Liebe und Schönheit in Ihrer reinen Seele schlummerten. Wie sehr müssen Sie gelitten haben in all dem Dreck, der Angst und Qual, die Sie um sich hatten. – Was hat Sie davor bewahrt, nicht verbittert zu werden und Ihr ganzes Elend, das Leid und die Hoffnungslosigkeit so sachlich zu beschreiben? Ich bewundere Sie. Jedesmal, wenn ich an Sie denke, an alles was man Ihnen antat, kommen mir die Tränen und ich kann nicht begreifen, daß Sie das alles ausgehalten haben. Ihr Buch macht mich fast krank, so tief erschüttert bin ich. – Zudem denke ich, was da drin steht, ist ohnehin nur ein Bruchteil von dem, was Sie tagtäglich ertragen und erleiden mußten.

Ich hoffe von ganzem Herzen und aus tiefster Seele, daß es Ihnen heute in jeder Beziehung gut geht.

Sie sind eine wahrhaft wunderbare Frau und ein großartiger Mensch mit Gemüt und Seelengröße.

★

Sehr geehrte Frau Buri,
gerade habe ich die Lektüre Ihres Buches Dumm und Dick *beendet – das erste Buch, das ich seit langem in einem Zug (d.h. ohne Unterbrechung und nicht in einem Eisenbahnzug) zu Ende gelesen habe. Wenn mir auch manche Wörter, die bei Ihnen in der Schweiz gebräuchlich sind, unbekannt sind und ich deren Bedeutung nur raten kann (z.B. „Zvieri"), so fand ich doch das, was Sie schildern, beeindruckend.*

Für mich als jemand, der in einer Wohlstandsgesellschaft aufgewachsen ist, ist eine so entbehrungsreiche Zeit, wie Sie sie in Ihrer Jugend erlebt haben, kaum vorstellbar – auch wenn ich aus Schilderungen und dem eigenen Erleben meiner Eltern weiß, daß es sie gegeben hat.

Meine Mutter ist auf einem Bauernhof im Münsterland aufgewachsen, der etwas abgelegen das letzte Haus in der Bauernschaft war. Es herrschte dort zwar nicht wie bei Ihnen ständige Not um den Broterwerb, jedoch aufgrund der Kriegszeit (meine Mutter ist vom Jahrgang 1930) war das Leben für die damalige Jugend aufgrund der ständigen Fliegeralarme eine ziemlich angstvolle Periode. Auf dem

Land war man zu diesem Zeitpunkt noch sehr rückständig, von dem Leben einer Großstadt z.B. machte man sich keine Vorstellungen. Meine Mutter erzählte mir z.B., daß sie, wenn Sie Ihre Tante – eine Ordensschwester in einem Krankenhaus in Münster – besuchte, mit Vorliebe das dortige WC aufsuchte, weil es eine Wasserspülung hatte – etwas, das man auf dem Lande zu diesem Zeitpunkt noch gar nicht kannte. Da man außerdem auf dem Lande sehr fromm war, ergaben sich für meine Mutter und ihre sechs Geschwister auch in dieser Hinsicht viele Verpflichtungen, z.B. der sonntägliche Kirchgang frühmorgens über mehrere Kilometer durch Dunkelheit (und im Winter Eiseskälte) zur Dorfkirche. Die Bauernschaft besaß auch eine Volksschule, in der die Kinder und Jugendlichen zu mehreren Klassen zusammengefaßt von einem Lehrer unterrichtet wurden. Sie können sich vorstellen, daß, wenn außerdem der Lehrer auch nicht über die nötige Autorität verfügte, bei solchen Verhältnissen (und durch Unterrichtsausfall infolge von Fliegeralarm) die Weitergabe von Bildung entsprechend zu leiden hatte. Auch die Nachkriegszeit war zunächst noch sehr unruhig und gefahrvoll, wenn auch auf dem Land nicht so von bitterer Not, wie in den Städten. Als die Verhältnisse sich allmählich stabilisierten, konnte man daran gehen, sich wieder dem normalen Leben auf dem Land zuzuwenden. Für die damalige Jugend bedeuteten das alljährliche Schützenfest und die

Kirmes die einzigen Vergnügungen und Möglichkeiten, Kontakte zu knüpfen. Bei einer diesen Gelegenheiten lernte meine Mutter ihren Mann kennen. (...) Mein Vater war während des Krieges Soldat in Rußland und Frankreich gewesen und hatte (aus heutiger Sicht klingt das vielleicht etwas daneben) etwas von der Welt gesehen. Wenn er auch religiös war, war er jedoch nicht so fatalistisch erzogen worden wie meine Mutter, der die Gebote der Kirche den Blick auf die Freuden und Annehmlichkeiten des Lebens schwer machten. Auch wenn meine Mutter ihrem Glauben bis zum Schluß ihrer schweren Krankheit treu geblieben ist, der sie z.B. wohl daran gehindert hat, rechtzeitig einen Frauenarzt aufzusuchen, hat sie dennoch in den Jahren ihrer Krankheit erkannt (wahrscheinlich aber schon viel eher), daß das Leben nicht nur aus Pflichterfüllung besteht und absolutem Gehorsam gegenüber der Kirche, sondern auch aus Interessen, Freundschatten, Festen, und z.B. auch Reisen, deren einzige sie kurz vor ihrem Tod mit ihrem Mann nach Österreich unternahm.

Ich weiß nicht, wenn ich Ihnen das jetzt so schildere, ob Sie tatsächlich Ähnlichkeiten entdecken zwischen dem Leben meiner Mutter und Ihrem Leben, wie Sie es in Ihrem Buch geschildert haben. Eine Ähnlichkeit ist auf jeden Fall nach meiner Meinung gegeben und zwar die Haltung, in der Sie und meine Mutter mit ihren unterschiedlichen Schicksalen umge-

hen, bzw. umgingen. Ich meine, das ständige Bemühen, an seinem Schicksal zu arbeiten und mit dem Gegebenen verantwortlich umzugehen.

Ich schreibe Ihnen diesen Brief nicht nur aus Sentimentalität, sondern auch, weil ich mich nach dem zu frühen Tod meiner Mutter mit Fragen meines eigenen Lebens konfrontiert sehe, wenn ich, wie durch Ihr Buch geschehen, angeregt werde, über das Leben meiner Mutter nachzudenken.

⋆

Sehr geehrte Frau Buri,
liebe, bewundernswerte Rosmarie!
(. . .) Es ärgert mich, wenn eine Journalistin der ZEIT Dich dazu ermutigt, daß Du die Frauen verachtest, die sich bei Deinen Lesungen mit Dir solidarisieren! Welches schönere Zeugnis kann Deinem Buch (das ich noch nicht kenne) denn ausgestellt werden, als daß es für die ‚Vielen' gültig ist und sie zu Dir kommen mit der Frage im Herzen: ‚Wie hat sie sich freigeschwommen?' oder ‚Wie kann ich ihren Weg in mein Leben übersetzen?' Oder solltest Du tatsächlich nur geschrieben haben, um weitere ‚Literatur' zu schaffen? Ich bitte Dich ganz eindringlich darum: Benutze die erfrischende Unbefangenheit, die Du besitzt, um die zu bleiben, die Du bist, und jene zu achten, die Dir ähnlich sind. Verlasse Dich auf Dich und die, die

wirklich Dich und Dein Wissen, Deine Erfahrung und Deine innere und äußere Welt meinen; dann kann es Dir egal sein, wie lange Dein Buch ein Bestseller ist und wann die Türen sich vor Dir wieder schließen, die Dir heute offen stehen. (. . .) Bleibst Du Dir und Deinem Lebenskreis treu und erweiterst diesen, dann bleibst Du heute und immer eine, die von ihresgleichen geschätzt und bewundert wird für das, was sie selbst ist, statt für das, was sie anderen einbringt.

Ich traue Dir zu, daß Du sehr bald erkannt haben wirst, wie wenig sich die Probleme der ‚Madams' und der Berichterstatterinnen von denen Deiner schlichteren Leserinnen unterscheiden und daß es für alle nur das einzige Heilmittel der Selbstachtung gibt. Deren unverrückbarer Preis aber besteht in der Achtung vor jedem anderen Menschen. Deshalb noch einmal meine Bitte an Dich: Glaube nur Dir alleine! Was Du auch aus meinem Brief entnommen haben magst: nur wo es sich mit Deinem eigenen Wissen deckt, besitzt es Gültigkeit für Dich! Keinem Menschen auf der Welt kann man etwas anderes geben, als Bestätigung für sein eigenes, innerstes Wissen. Kein Mensch sehnt sich nach etwas anderem. Denn das ist das Glück, das uns zusteht: daß wir Empfangende sein dürfen und Gebende, Gültige für uns selbst und für andere.

★

Verzeihen Sie, wenn ich als Unbekannte an Sie schreibe. Ich habe auch alles von meiner Kindheit an aufgeschrieben. Hier einige Hinweise: Schon als Mädchen wurde ich von der Mutter verfolgt und mißhandelt, durfte nicht mit meinen Geschwistern in der Stube weilen, mußte arbeiten, bis ich vor Müdigkeit fast umfiel. Die Schule war für mich eine Erholung. Ich bekam gute Zeugnisse. Nach der Schule war ich Dienstmagd. Brot, Butter und Fleisch wurden mir abgewogen, was ich so nötig gebraucht hätte. Dann wurde ich eine ledige Mutter und eine Aufgabe folgte der anderen. Später heiratete ich einen flotten, guten Mann. Aber leider einen Alkoholiker. Vor fünf Jahren ist er gestorben. Zwei Jahre später lief die Schwiegertochter meinem Sohn mit ihrem Freund davon. Seither mache ich dem Sohn den Haushalt.

Nun wollte ich Sie bitte, mir Gelegenheit zu geben, Sie einmal sonntags aufsuchen zu dürfen. Es würde mich riesig freuen.

Leider konnte ich der leidgeprüften Frau den Wunsch nicht erfüllen. Aber ich schrieb ihr zurück, mit dem mußte sie sich begnügen.

★

Liebe Frau Buri,
herzlichen Dank für Ihr liebes, reizendes Buch, das Sie

geschrieben haben. Ich finde es super, wie Sie es geschafft haben, von einem unterdrückten Mädchen zur Schriftstellerin und selbständigen Frau zu werden.

Dazu braucht es viel Mut und Ausdauer, sonst hätten Sie Ihr Leben nicht so durchgestanden. Das einzige, was ich Ihnen nicht verzeihe, ist, daß Sie das Buch nicht vor 20 Jahren geschrieben haben. Es hätte mir Mut gemacht, um eine Verbindung einzugehen. Im Gegensatz zu Ihnen stamme ich, wie man so schön sagt, aus besserem Haus. Ich besaß so liebe Eltern, hatte sogar Kinderschwestern, von denen ich bloß eine mochte. In der Schule wurde ich von der fünften bis zur neunten Klasse rumgeschubst, verspottet, verhauen. Man nannte mich Graszicke, Wasserkopf. Man tauchte mich unters Wasser, einer gab mir viel Kopfnüsse.

Nach der Schule besuchte ich ein Mädcheninstitut. Die Probleme blieben die gleichen. Hysterische Weiber benutzten meine Wehrlosigkeit. Ich hätte so gerne die Hotelfachschule besucht. Doch meine Mutter entschied, daß ich ins elterliche Geschäft einsteige, trotzdem mir der Verkauf gar nicht lag. Später bin ich ins Hotelfach umgestiegen. Ich bin nach Spanien, England und Canada gereist, dann wieder ins elterliche Geschäft, da meine Mutter erkrankte. Freundinnen hatte ich keine.

Obwohl mein größter Wunsch war, zu heiraten und Kinder zu kriegen, hat es sich nie erfüllt. Einige Bekanntschaften bin ich eingegangen, hatte aber zu viele Hemmungen, um eine feste Beziehung einzugehen. Wäre Ihr Buch früher auf dem Markt erschienen, hätte ich wahrscheinlich mehr Mut gehabt und hätte zu dem Mann, den ich geliebt habe, gestanden, denn gelesen hätte ich es bestimmt und wäre gleich von Anfang an entzückt gewesen.

Leider konnte ich der Frau nicht zurückschreiben. Auf dem Kuvert stand ein Name mit Absender. Doch alles war dick durchgestrichen und total unleserlich. Wahrscheinlich wollte sie mit mir Kontakt, dann muß sie der Mut wieder verlassen haben. Die Frau tut mir sehr leid. Vielleicht hätte ich ihr mit einem Gespräch helfen können. Leider wird die Frau von ihrer Mutter festgehalten und die Mutter bestimmt ihr Leben. Die Frau müßte sich von der Mutter lösen, so brutal es klingen mag. So wird sie nie auf eigenen Füßen stehen. Jeder Mensch hat doch ein Recht auf ein eigenes Leben. Wie soll die Frau ihre Lebensaufgabe erfüllen können, wenn sie immer nur das tut, was die Mutter von ihr erwartet.

*

Liebe Frau Buri,
eigentlich sollte ich bügeln, doch irgend etwas treibt mich hinter die Schreibmaschine, um Ihnen einen Brief zu schreiben. Ich habe natürlich den Artikel von Ihnen

und Frau M. gelesen. Da ich ein Fisch bin in der Astrologie, kann ich mit Ihnen beiden mitfühlen. Ich weiß, was das heißt, eine gute Freundin zu haben. Darf ich mich ganz schnell noch vorstellen? Ich heiße . . . , bin Mutter und Hausfrau und 40 Jahre alt. Wohne in . . . Hier bin ich Präsidentin vom Frauenverein. Sozial sehr aktiv, fröhlich und gut aussehend. Denken Sie ja nicht, eine Traumfrau. Präsidentin bin ich bloß geworden, weil es niemand anders machen wollte. Mein Mann war sowieso ganz dagegen. Er sagte mir, er wolle sich nicht schämen in der Gemeinde wegen mir. Sie müssen wissen, er ist Direktor und sah mich 14 Jahre lang als Hausfrautrottel. Darüber habe ich jetzt angefangen, ein Buch zu schreiben wie Sie, bloß weiß ich eben nicht, wie man das richtig macht. Aber Sie haben mich auf die Idee gebracht, weil mein Leben auch so traurig war. Aus einer seelischen Leere heraus habe ich die Ehe gebrochen. Endlich sah mich jemand und war lieb zu mir. Das ist die eine Wahrheit. Die andere ist, daß mein Mann nicht unbeteiligt ist an diesem Drama. In der Zwischenzeit habe ich meinen Mann verlassen mit meinen beiden lustigen Buben. Es geht mir viel besser, und ich sehe einen guten, wenn auch steinigen Weg vor mir. Auch meinen Kindern geht es gut, und ich lache viel mit ihnen, versuche es wenigstens. Eigentlich will ich Sie nicht belasten mit meinen Sorgen, sondern einfach nur sagen, wie gut es ist, eine

Freundin überhaupt zu haben. (...) Es hat mich viel Mut gekostet und Kraft vor allem, einen so mächtigen Mann zu verlassen. Ich tausche einen goldenen Käfig gegen einen vielleicht rostigen aus, aber der Inhalt stimmt mit mir überein. Ich muß kein Fassadenleben mehr aushalten und kann ich selber sein. Viele liebe Freunde sind auf der Strecke geblieben, und ich sage mir immer, mit voller Kraft voraus, auch wenn es mühsam und oft einsam ist. Die Einsamkeit ist mein stärkster Feind. Ich will etwas dagegen tun. Viele alleinstehende Frauen schämen sich darüber, eben allein zu sein, und ich weiß aus eigener Erfahrung, wenn man Liebeskummer hat in unserem Alter, ist man wie gelähmt. Nicht mehr fähig, sich zu motivieren und zu engagieren. Dieses leblose Gefühl ist schrecklich, und ich würde Frau M. gern in den Arm nehmen und sie trösten. Wir Frauen sollten zusammenhalten und einander Mut machen. Es wäre oft viel einfacher, miteinander – füreinander. Genießen Sie Ihre Freundschaft mit dieser tollen Frau. Auch meine Freundin lehrt mich wieder laufen, und ich bin ihr so dankbar. Meistens tragen einen die Freunde und nicht die Familie, bei mir ist das so. Ich würde Sie so gern kennenlernen. Ich fühle mich mit Ihnen wie eine Tochter zu der Mutter. Ich wünsche Ihnen von ganzem Herzen weniger Schmerzen und viel Mut zur Therapie. Musik und Lachen ist eine Therapie, aber man kann nicht über den eigenen Schatten springen.

Sollten Sie Freude haben, bei uns einmal im Frauenverein über Ihr Buch zu sprechen, würde mich das riesig freuen. Aber ich verstehe auch, daß Sie sich schonen müssen, denn es wird einem nie verdankt von anderen.

Mittendrin, in einem Chaos von Gefühlen scheinen Sie beide heraus aus dieser Illustrierten, darum habe ich vielleicht geschrieben, ich weiß es auch nicht.

Ich wünsche Ihnen viel Gesundheit und grüße Sie unbekannterweise ganz herzlich . . .

⋆

Liebe Frau Buri,
ich bin erst zwölf Jahre alt, trotzdem habe ich Ihr Buch mit sehr viel Interesse und Spannung gelesen! Ihr Buch Dumm und Dick *hat mir, sowie meinen Eltern und meinen Geschwistern viel Eindruck gemacht. Trotz den vielen Seiten habe ich Ihr Buch in zwei Tagen beendigt und würde es am liebsten nochmals tun.*

⋆

Liebe Rosmarie,
ich habe Ihr Buch gelesen. Es war wirklich gut, aber es hat mich in Bewegung gesetzt. Ich bin ein 14jähriges welsches Mädchen, und ich habe ein Problem: Meine Klassenkameraden wollen nie mit mir spielen. Ich habe

gute Noten, und sie sind eifersüchtig. Ich bin scheu und fühle mich allein. Weil Sie Erfahrung haben, geben Sie mir bitte einen Rat, daß ich das Problem lösen kann.

Liebe M . . .
Danke für Deinen Brief. Es hat mich gefreut, daß Du so gut Deutsch schreiben kannst. Freue Dich und nutze Deine Intelligenz, es ist ein Geschenk vom Himmel.

Wegen Deinen Klassenkameraden. Sicher gibt es Mädchen oder Buben, die Du gut leiden kannst. Halte Dich an diese. Du mußt wissen, es kommt niemand zu Dir, Du mußt zu ihnen gehen. Sei freundlich und nett zu ihnen, und sie werden es Dir zurückgeben. Probier's mal aus. Hilf ihnen auch bei den Aufgaben, wenn sie schwächer sind und Mühe haben.

Ich wünsche Dir alles Liebe und Gute.

*

Liebe Frau Buri!
Ich habe einen sehr kranken Mann. Seit 1986 leidet er an Krebs. Habe auch viele Knoten, die ich selber tragen muß, bei denen ich auch keine Hilfe bekomme. Habe im Monat ein Einkommen von 3.200 Franken, Zins 1.368, Krankenkasse 560. So können Sie ausrechnen, was mir noch übrig bleibt. Muß mei-

nem Mann alle Tage Insulin spritzen, da er seit einem Jahr Zucker hat. Muß ihn, wenn möglich, alle Jahre zur Erholung tun, wenn ich das Geld zusammenbringe. Habe meinen Mann letzten Oktober zur Erholung gebracht. Konnte bis heute den Rest von 760 Franken nicht bezahlen.

Darum, liebe Frau Buri, möchte ich Sie schweren Herzens bitten, helfen Sie mir, den Betrag zu zahlen. Ich wäre Ihnen von ganzem Herzen dankbar. Ich will nicht klagen, denn ich darf alle Tage gesund aufstehen und für meinen Mann Tag und Nacht dasein. Gerne würde ich auch mal für mich einige Tage weg, wenn der Mann zur Erholung fort ist. Aber ich habe das Geld nicht dazu.

Einen Monat später erhielt ich von ihr einen Brief, in dem sie 750 Franken von mir wollte, um die Krankenkassenbeiträge zu bezahlen, sonst würde sie aus der Kasse ausgeschlossen.

⋆

Sehr geehrte Frau Buri,
ich möchte Ihnen nochmals für die in allen Teilen wohl gelungene Lesung und die von Ihnen angeregte Diskussion zu Ihrem Erfolgswerk ganz herzlich danken und Sie zu dieser Leistung beglückwünschen. Ich kann Ihnen versichern, daß die Anwesenden beglückt

waren von dem, was sie gehört haben, und dafür gebührt Ihnen nochmals Dank und Anerkennung.

Solche Schreiben geben mir Kraft und den Mut, meine Arbeit weiterzuführen. Es gibt mir die Freude, unter Menschen zu gehen.

*

Liebe Frau Buri,
(. . .) Sagen möchte ich Ihnen, daß ich von meiner Mutter und meiner Schwester mit vorgehaltenem Revolver zum Lesen Ihres Buches gezwungen wurde, weil: Eine Intellektuelle wie ich ist sich für gewöhnlich zu gut, um sich mit Trivialliteratur abzugeben . . . Ich hab's gelesen. Es ist schon eine ganze Weile her. Und ich war sehr, sehr beeindruckt. Und habe mich hinterher bei zahlreichen sogenannt literarischen Diskussionen entsetzlich geärgert darüber, wie leichtfertig und abfällig man sich über Ihr Buch und insbesondere Ihren Erfolg geäußert hat. Ich will jetzt nicht behaupten, daß Ihr Buch Weltliteratur ist, das nicht. Dennoch finde ich Ihre Leistung innerhalb der Schweizer Literatur einzigartig. Was Sie beschrieben haben, kenne ich nicht aus eigener Erfahrung, aber aus Erzählungen von Leuten Ihrer Generation (Eltern, Verwandten, Dorfbewohnern). Was mich bei diesen Erzählungen stets gewundert hat, ist die Selbstverständlichkeit, mit der furcht-

bare Verletzungen aus Kindheit und Jugend hingenommen wurden. Ja, noch schlimmer! Manche haben Probleme damit, daß sie schlecht behandelt wurden, und übersehen dabei, daß sie hart geworden sind und die erlebten Demütigungen einfach nur in leicht veränderter Form weitergeben.

Häßlichkeiten, Schläge, Armut, Ausbeutung – ich denke, viele Menschen Ihrer Generation haben diese Dinge erlebt, und weil es so viele so und ähnlich erlebt haben, gilt es als normal. Daß Sie die Perversität dieser für Ihre Generation recht typischen Normalität aufzuzeigen wagten, ist ein Verdienst, das sich kaum eine andere Schweizer Schriftstellerin auf die Fahne schreiben kann. Dafür möchte ich Ihnen danken. Daß Sie den ungeheuren Mut aufgebracht haben, zu sagen: So und so war's und ich habe gelitten darunter. Ich habe mich riesig gefreut über den Erfolg Ihres Buches, weil es genau die Verbreitung fand, die es verdient und braucht.

⋆

Einmal war ich im Co-op, da kam mir eine Frau entgegen und drückte mir einen Strauß Rosen in die Hand. Unter Tränen sagte sie: „Sie haben meine Geschichte geschrieben. Ich danke Ihnen vielmals." Das gleiche habe ich unendlich viele Male gehört.

Frau Buri!
In unserer Welt hungern so viele Menschen, wer gibt Ihnen das Recht, sich so voll zu fressen? Haben Sie übrigens auch schon einmal daran gedacht, daß Sie ein Pflegefall werden können und sich dann die Krankenschwestern mit einer so fetten Frau ihren Rücken kaputt machen können? (...)
(anonym)

★

Liebe Rosmarie,
Du weißt ja, ich schreibe schon lange, und es ist ein wichtiger Teil meiner selbst. Nun hast Du also Dein Leben aufgeschrieben und hast damit einen enormen Erfolg, daß ich nur noch staune. Anfangs entstand in mir drin etwas Ungutes, etwas wie beißender Neid. Ich verstand das alles nicht.

Doch dann sagte ich zu mir, nein, so nicht! Ich versuchte, mich in Dich hineinzuversetzen; stellte mir vor, wie Dir zumute sein mußte; daß es Dir gut tat. Und da ich überzeugt war, daß alles ehrlich aus Dir entstanden ist, daß es nicht einfach geschickte Mache ist, konnte ich mich mit Dir freuen. Jetzt mag ich Dir alles von Herzen gönnen. Und das tut mir gut.

Dieser Brief, diese Ehrlichkeit hat mich tief erschüttert. Eine große Freude ist in mir, daß es wenigstens ein Mensch geschafft hat, von Neid und Eifersucht aus eigener Kraft wegzukommen. Mich wundert nur, daß sie auf den Gedanken gekommen war, daß mein Schreiben mit Berechnung geschehen sein könnte. Wenn ich das gemacht hätte, so wäre das Buch nie ein Erfolg geworden. Auch nicht, wenn ich im Sinn gehabt hätte, damit Geld zu verdienen. Ich habe nichts anderes getan, als mein Leben aufzuschreiben, die vielen Ungerechtigkeiten, unter denen ich gelitten habe, und viele tausend Menschen mit mir, denen es gleich ergangen ist. Es ist mein Leben, und ich habe es so empfunden und so erlebt. Als ich geschrieben habe, hatte ich immer das Gefühl, ich sei ein großer Kasten mit unendlich viel Schubfächern. Man brauchte nur eine Lade zu öffnen, und schon lief das Erlebte wie ein Film vor meinen Augen ab, und ich konnte es aufschreiben. Ich leide noch heute sehr unter der Tatsache, daß man mir nie glaubt, was ich sage. Ich wüßte nicht, warum ich etwas vorlügen müßte. Ich kann auch nichts dafür, daß Menschen so viel anstellen, von dem fast nichts glaubwürdig klingt.

⋆

Liebe Rosmarie Buri,
im Fernsehen habe ich, 27jährig, Dich gesehen. Du hast ein Buch geschrieben über Deine Jugend und

Deine nicht vollends bewältigte Vergangenheit. Als Du erzähltest, daß sich viele Leute bei Dir meldeten, die Ähnliches erlitten hatten, war ich nicht erstaunt, obwohl ich Deine Vergangenheit nicht kenne. Als Du zur Antwort gabst, Du hofftest, daß andere durch Dein Buch Frieden finden sollen, erschrak ich, weil ich weiß, daß Du vielleicht Leidensgenossinnen finden wirst, doch niemals werdet ihr selbst zum Frieden kommen, wenn Ihr Eure um und um verwundeten Seelen nicht von Gott heilen laßt. Du brauchst Gott nur zu bitten, in Dein Leben zu kommen, Deine Schuld mußt Du ihm zu Füßen legen. Mit aufrichtigem Herzen mußt Du Deine Schuld beim Namen nennen. Jetzt bitte Ihn, Deine Schuld zu vergeben, und erst dann kehrt Friede in Dein Herz. Du weißt, wie arm unser Erlöser geboren wurde. Der Freipaß zu Gott kann nicht erkauft werden.

⋆

Liebe Rosmarie,
von meiner Mutter täglich geschlagen, habe ich heute einen gelähmten Rücken.

Die Schläge meiner Mutter wären nicht nötig gewesen, da ich seit neun Jahren an Multiple Sklerose erkrankt und dadurch blind bin. Ich danke Dir für den Mut, das und von dem zu schreiben, was Du erlebt hast. Ich bin lange im Heim gewesen und kann mit-

fühlen, was es heißt, durch die Nacht zum anderen Licht zu gehen.

Ich freue mich darauf, wenn mir aus Deinem Buch vorgelesen wird.

Dumm und Dick ist in Blindenschrift gemacht worden. Als ich das Werk in meinen Händen hielt, flossen Tränen der Trauer, Freude und Rührung über meine Wangen. Wie feinfühlig müssen die leidgeprüften Menschen sein, die mit ihren Fingerspitzen die vielen Tüpfchen zu Buchstaben und Sätzen zusammenreimen können.

Ich freue mich, daß Blinde mein Buch lesen können. Als ich in der Blindenbibliothek eine Lesung hatte, war ich zutiefst berührt, wie liebenswürdig die Menschen mit mir umgingen. Ich fühlte mich geborgen.

*

Liebe Rosmarie,
gerade habe ich Dein Buch gelesen. Fertiggelesen. Und ich kann nicht anders sagen, als daß ich Dich mag.

Ich habe eine Mutter, die wohl ein ähnliches Schicksal wir Du erlitten hat und noch erleidet.

Auf Dein Buch bin ich über einen Zeitungsartikel aufmerksam geworden. Ich habe gleich an meine Mutter gedacht und mir vorgenommen, es ihr zu kau-

fen. Vorher wollte ich es noch selber lesen. Es hat mir ganz arg gefallen, und ich mag Dich dafür sehr.

Vielleicht verbindet uns, was Du in Deiner Kindheit und Jugend, auch später noch erlebt hast. Jedenfalls bist Du mit deiner Geschichte bis zu mir durchgedrungen, und ich gehöre eher zur Generation Deiner Kinder.

Das wollte ich Dir sagen. Und vielleicht noch vieles mehr, für das ich keine Worte finde.

*

Sehr geehrte Frau Buri

Ich bin Lehrer einer dritten Realschule im Zürcher Oberland und habe in den vergangenen Monaten Ihr Buch mit der Klasse gelesen.

Ich erlaube mir nun, Ihnen die Meinungen der Schüler weiterzuleiten, und hoffe, daß Sie die Fragen bei Gelegenheit beantworten können:

– Ihr Buch lehrte mich einiges über die Zeit des 2. Weltkrieges mit den ausgeprägten Formen der sozialen Schichten. Nebenbei habe ich auch Fragen an Sie: Warum kamen Sie auf den Gedanken, Ihre Lebensgeschichte zu schreiben und daraus ein Buch zu machen, und wie lange dauerte der Prozeß vom Gedanken bis zum Beginn des Schreibens?

Mit freundlichen Grüßen Roli

– Wir haben in der Klasse Ihr Buch gelesen, und nun habe ich einige Fragen. Wie hatten Sie den Mut, dieses Buch zu schreiben? Ich meine, daß in dieser Zeit viele Menschen die Jugend so erlebt haben. Deshalb könnten wir alle über unsere Jugend schreiben. Dann hätten wir tausende Bücher mit der gleichen Geschichte. Ihre Antwort würde mich sehr interessieren. Ich selber finde das Buch sehr lehrreich in bezug auf Ihre Jugend. Allerdings bin ich mir bewußt, daß ich Ihre Schmach nie verstehen werde. Ich wünsche Ihnen noch schöne Zeiten.

Mit freundlichen Grüßen André

– Es hat mich sehr beeindruckt, wie Sie als Kind behandelt worden sind, zum Beispiel, wie Sie vom Lehrer und von den Eltern ständig gequält und geschlagen wurden. Erst jetzt ist es mir eigentlich klar geworden, wie gut wir es heute haben.

Warum haben Sie erst jetzt dieses Buch geschrieben und nicht während der Zeit, wo es Ihnen so schlecht ging? Warum haben Sie so wenig über Ihre eigenen Kinder geschrieben? Was gefällt Ihnen besser, Malen oder Bücher schreiben?

Mit freundlichen Grüßen von Paolo

– Mich hat dieses Buch beeindruckt, denn ich finde es schön, wenn jemand aus seinen vergangenen Jahren erzählt. Beeindruckt hat mich, daß früher Ihre Jugend

ziemlich streng war in bezug auf die Haushaltsarbeiten, ich z.B. muß viel weniger helfen. Ich glaube auch, daß es allgemein viel strenger war als heute.

Mit freundlichen Grüßen Cornelia

– Mir hat das Buch gut gefallen, denn es ist so wirklichkeitsnah beschrieben, z.B. wie Sie streng arbeiten mußten und immer für dumm verkauft wurden. Was hat sie dazu veranlaßt, dieses Buch zu schreiben?

Mit freundlichen Grüßen Maja

– Ich fand das Buch sehr aufschlußreich. So haben wir etwas erfahren, wie es in früheren Jahren zuging. Wie Sie und Ihre Mitmenschen während des 2. Weltkrieges gelebt haben. Leider haben Sie nichts über die Zeit geschrieben, in der Sie Ihre Kinder bekommen und großgezogen haben. Weshalb? Haben Sie mit Ihren Kindern nicht viel Schönes erlebt?

Mit freundlichen Grüßen Biggi

– Ihr Buch hat mir sehr gefallen. Nur am Anfang, die ersten drei Kapitel, waren ein bißchen langweilig. Das Buch finde ich gut, weil wir nachher wußten, wie Sie Ihre Jugend verbracht haben. Wie schwer die Zeit des Krieges war. Ich finde es schade, daß Sie nicht geschrieben haben, wie Sie Ihre Kinder erzogen haben.

Mit freundlichen Grüßen Carmen

– Mir hat das Buch gut gefallen, weil es mir einige Eindrücke gegeben hat, wie es früher für die armen Leute zu leben war. Auch hat es mich beeindruckt, daß Sie den Mut hatten, dieses Buch zu veröffentlichen. Mir tat es leid, daß Sie früher eine solch schwere und schlimme Jugend hatten. Zum Glück haben sich diese Zeiten geändert. Ich wünsche mir, daß Sie weiterhin einen solch großen Erfolg haben, und wünsche Ihnen alles Gute. Louis

Burgdorf, Januar 1992

Lieber Herr M.,
herzlichen Dank für Ihren Brief und die Briefe der Schüler. Trotzdem meine Zeit sehr knapp ist, will ich versuchen, den Fragen gerecht zu werden.

Wenn ich Zeit hätte, wäre ich zu Euch in die Schule gekommen.

Lieber Roli,
Du fragst, warum ich auf den Gedanken kam, meine Lebensgeschichte zu schreiben. Manchmal gibt es Dinge im Leben, die man nur schlecht erklären kann. In mir war ein sehr starkes Bedürfnis, mein Leben aufzuschreiben. Ich stellte mir immer vor, daß mein Buch einmal auf dem Stubentisch liegen werde. Irgendwie mußte die viele Ungerechtigkeit, die ich als dickes und angeblich dummes Kind erleben mußte, aus mir heraus. Es war wie ein Schrei.

Nun aber stand mir die Mutter viele Jahre im Wege, denn sie wäre sehr beleidigt gewesen. Ich konnte auch nie mit ihr über das Erlebte sprechen. Immer brach sie sofort in Zorn aus wie schon früher. Da ich Streitereien ganz schlecht ertragen kann, habe ich geschwiegen.

Als die Mutter schon alt war, getraute ich mich, meine Geschichte aufzuschreiben. Unterdessen war ich 52 Jahre alt geworden. Ich hatte das Gefühl, daß ich nur Schublädeli herauszuziehen brauchte, und in jedem war ein Stück vom Erlebten drin.

Jeden Freitagabend, wenn mein Mann im Turnen war und alles still um mich, holte ich den Schreibblock hervor und schrieb mein Buch. Das ganze dauerte ein Jahr.

Jahrelang suchte ich danach nach einem Verleger. Immer kam das Manuskript wieder zurück mit den Worten: Wir bedauern ...

Bis ich Walter Keller kennenlernte. Es dauerte jedoch noch weitere zwei Jahre, bis er sich getraute, daraus ein Buch zu machen. Heute habe ich vernommen, daß es das meistverkaufte Buch auf dem Büchermarkt ist.

Lieber André,
ja, es ist wahr, viele Menschen haben ihre Jugend so verbracht und noch viel schlimmer. Das weiß ich jetzt. Seit mein Buch erschienen ist, habe ich 700

Briefe beantwortet. Viele Leute schreiben und getrauen sich endlich, ihr Erlebtes auch zu erzählen.

Richtig, wir könnten alle über unsere Jugend oder unser Leben schreiben, aber nur wenige haben den Mut dazu, zu sich selber ehrlich zu sein. Denn sie wollen immer mehr sein, als sie sind. Ich finde, es ist nicht wichtig, wie wir geboren werden und wo, sondern das, was wir aus uns machen. Vielleicht schreibst gerade Du einmal eines von den tausenden von Büchern mit Deiner Geschichte. Dann wirst Du erfahren, wie schwierig es ist, ein Buch zu schreiben. Keine Geschichte kommt gleich heraus, auch wenn Hunderte dasselbe erleben würden. Jeder Mensch denkt, fühlt und handelt anders, denn jeden Menschen gibt es nur einmal auf dieser Erde.
Damals, zu meiner Zeit, getraute sich niemand, sich zu wehren, denn man hatte keine Lust, halb totgeschlagen zu werden . . .

Lieber Paolo,
im Manuskript stand noch mehr über mein Leben. Aber nur das eher schönere, und das wirkte wie ein Kitschroman. Aber jedes Leben hat auch seine Schattenseiten, und auch aus Rücksicht auf meine Kinder und meinen Mann durfte ich das andere nicht schreiben. Du glaubst nicht, wie schnell man einen Menschen verletzt hat. Und das will ich doch nicht . . .

Die Frage, warum ich das Buch erst jetzt geschrieben habe, ist schon in Rolis Brief beantwortet.

Was ich lieber mache, ob malen oder Bücher schreiben: Ich tue beides gern. Auch habe ich ein Faible für gotische Schriften. Nur jetzt habe ich dafür keine Zeit, denn ich bin viel unterwegs. Ich gebe Lesungen und Signierungen. Und im letzten Jahr mußte ich zu 17 Fernsehsendungen. Die Radioausstrahlungen habe ich schon gar nicht mehr gezählt. Über zweihundert Zeitungsartikel sind über mich und das Buch verfaßt worden. Den Journalisten mußte ich Rede und Antwort stehen. Unendlich viele Leute habe ich am Telefon getröstet, wenn sie mir ihr Leid erzählt haben. Ich hätte nie gedacht, daß ein Buch so viele Zungen lösen könnte.

Liebe Maja,
Deine Frage, warum ich das Buch geschrieben habe, ist bereits beantwortet worden.

Ja, wir mußten für unsere Kindeskraft zuviel arbeiten. Und doch bin ich heute froh, daß ich gelernt habe, zu arbeiten. Denn man hat nie eine größere Befriedigung, als wenn man eine Arbeit gut ausgeführt hat. Ich bin jedesmal glücklich, wenn mir etwas gut gelungen ist, sei es ein Bild, eine Schrift oder ein Bericht. Es kann auch ein schöngeputzter Raum sein. Es ist nicht wichtig, was man macht, nur muß jede Arbeit mit Liebe ausgeführt werden.

Liebe Biggi,
doch, ich habe mit meinen zwei Buben schöne 25 Jahre erlebt, denn so lange waren sie zu Hause bis zu ihrer Heirat. Denk einmal nach, ob Du Freude hättest, wenn Deine Mutter Deine Geschichten in einem Buch erzählen würde, wie Du vielleicht in der Schule Schwierigkeiten gehabt hättest. Wärest Du nicht sehr verletzt? – Verstehst Du nun, daß man nicht alles schreiben kann, was man gerne möchte? Wir tragen Verantwortung unseren Nächsten gegenüber.

Ich kann Dir versichern, daß mein Mann und ich für unsere Kinder alles gegeben haben. Daß ich immer zu Hause und für sie da war. Alle Kleider habe ich selber angefertigt, um Geld zu sparen. Auch die uralten Ski habe ich wieder an meine Füße geschnallt, um mit meinen Buben über Hügel in der Umgebung zu flitzen. Am Sonntag unternahmen wir Wanderungen in die Berge. – Ich habe mit den Söhnen gebastelt und genäht und gestrickt. Sie waren zu Hause, und ich habe sie beschäftigt. Ich habe sie gelehrt, aus wertlosen Sachen etwas Kostbares zu machen durch ihrer Hände Arbeit.

Heute bin ich stolz auf unsere Söhne, denn sie haben sich aus eigener Kraft hochgearbeitet. Der ältere ist Plattenleger und Hafner geworden. Er stellt wunderschöne Öfen und Cheminées her. Sogar die Meisterprüfung hat er bestanden. – Der jüngere hat

Maurer und Bauzeichner gelernt, ist dann ans Technikum gegangen und ist heute Architekt. Unsere Söhne haben viel gearbeitet und es hat sich gelohnt.

Ich lehrte sie die Arbeit, und das ist gut so.

Liebe Carmen,
Du mußt den Brief an Biggi auch ein wenig für Dich nehmen, weil da auch die Antwort auf Deine Frage enthalten ist. Wenn Du das Buch am Anfang langweilig findest, ist das Dein Recht. Denn ich kann nicht für jeden „Geschmack“ schreiben. Wahrscheinlich hast Du eine sehr leichte Kindheit. Wenn Du später einmal mehr erlebt hast, wirst vielleicht auch Du es verstehen. Ich gönne Dir von Herzen, daß es Dir gut geht.

Lieber Louis,
ich danke Dir von Herzen für die lieben Worte und die guten Wünsche. Du glaubst nicht, wie gut mir derart einfühlende Worte tun. Ich glaube, daß Du das Buch verstanden hast. Ich wünsche auch Dir für Dein Leben alles erdenklich Gute.

Liebe Cornelia,
es freut mich, daß Du zu Hause nicht so viel helfen mußt, so hast Du mehr Zeit für die Schule. Wir hatten früher kaum Zeit, um unsere Schulaufgaben zu

machen. Es ist gut, daß das heute anders geworden ist. Und es freut mich, daß Du es auch einsiehst.

Heute darf man wenigstens lachen, was früher verboten war. Es hieß immer, wenn man lache, dann müsse man das doppelte weinen. So wurden wir total falsch erzogen. Jetzt ist es schwer, das alles nachzuholen.

Ihr Lieben alle,
vielleicht nimmt es Euch wunder, was ich jetzt in der Welt erlebe, zum Beispiel, wie ein Chinese im Zug sein Brötchen mit mir geteilt hat. Und vieles andere . . .

So, jetzt habe ich Muskelkater im Arm vom vielen Schreiben. Gestern und heute habe ich 45 Briefe beantwortet.

Ich danke Euch allen herzlich für Eure Briefe. Auffallend ist Eure saubere, gut lesbare Schrift. Ihr habt das gut gemacht.

Ich finde Gefallen an Euch und wünsche allen ein gutes gesundes 1992.

*

Liebe Frau Buri!
Ich habe Ihr Buch Dumm und Dick *gelesen. Von der ersten Seite an war ich gefesselt von dieser Lebensgeschichte. Unvorstellbare Zustände und Mitmenschen,*

die die Achtung vor der Würde des Menschen verloren haben, haben mir oft Tränen in die Augen schießen lassen. Ich selbst, 24 Jahre alt, studiere im vierten Semester Management-Funktionen. Ihr Werk hat mir gezeigt, daß man alle Menschen wie solche behandeln muß. Auch wenn man in der höheren Position geboren ist, ist man nicht „besser" als die anderen. Ihr Buch wird mein Leben etwas verändern, aber nur im guten Sinne. Sie haben es sehr, sehr schwer gehabt und trotzdem Güte und Liebe in Ihnen verwahren können. Die viele Arbeit, die Sie schon in der Kindheit verrichten mußten, ist für mich unvorstellbar.

⋆

Liebe Frau Buri
Am 13. 1. hatte ich der Lesung zu Ihrem autobiographischen Buch beigewohnt und mich später im Zug bis Effretikon mit Ihnen unterhalten. Leider war die Zeit viel zu kurz und ich hatte nachträglich das ungute Empfinden, Ihre Gefühle verletzt zu haben, weil ich teilweise für Ihre Mutter Partei ergriffen hatte. Dies und die Tatsache, daß während der Fragestunde der soziale Aspekt und die menschenunwürdigen Verhältnisse zu wenig zur Sprache gekommen sind, hat mich bewogen, Ihnen zu schreiben. Ich meine, daß Sie gerne darüber gesprochen hätten, aber, daß das Thema durch die Instruktorin absichtlich vereitelt worden ist.

Zweifellos wurden Ihr Selbstwertgefühl und Ihre ganze Entwicklung durch die unwürdigen Erziehungsmethoden Ihrer Mutter empfindlich gestört. Doch darf nicht außer acht gelassen werden, daß nicht Ihre Mutter diese scheußlichen Methoden erfunden hat, sondern daß sie das Produkt unserer Gesellschaft sind und dieselben auch in ihrer Kindheit an ihr angewendet wurden.

Ihre Mutter hat ungeheure Kräfte entwickeln müssen, nur um ihre Familie zusammenhalten zu können, außerdem war sie von der berechtigten Angst verfolgt worden, daß diese auseinandergerissen wird, und gerade dies wollte sie unter allen Umständen verhindern (...)

Ich mache Ihnen keinen Vorwurf, weil Sie sich in Ihren innersten Gefühlen gesträubt hatten, Ihre Mutter in Pflege zu nehmen. Das wäre sowieso unter den gegebenen Umständen unzumutbar gewesen. Selbst, wenn Sie auf Ihre Mutter eine Wut haben, kann ich es Ihnen nicht verübeln, da Sie den natürlichen Bedürfnissen, ein Kind zu sein, beraubt worden sind. Doch Ihre Mutter war nur indirekt schuldig. Immerhin haben Sie als Kind die kleinsten Gelegenheiten wahr genommen, Ihre angeborene Lebensfreude oder Ihre musischen Neigungen auszuleben. BRAVO!!!

Ich hoffe, daß Ihr Buch für viele zum Anstoß wird und vielen bewußt gemacht wird, daß Frauen aus den unteren Schichten ihre weiblichen Eigenschaften wahrnehmen und nicht verdrängen sollten. Daß Sucht immer auf einem Mangel an Liebe und individuellem Verständis beruht, der weder durch Aufklärung noch durch Schwarzmalerei noch durch Repressionen beseitigt werden kann, sondern nur durch die Schaffung von neuen Lebensqualitäten, die den Menschen und nicht die Rendite in den Mittelpunkt stellt. Daß Sucht die heutigen Gesellschaftskrankheit ist, von der fast alle in irgendeiner Form befallen sind.

Ich bin froh, daß Sie dieses Buch geschrieben haben und es Ihnen möglich gemacht wurde, dies zu veröffentlichen, auch wenn es gewissen Leuten ganz und gar nicht paßt.

⋆

Sehr verehrte Frau Buri!
Wie versprochen sende ich Ihnen die Zeitungsberichte von ihrer Lesung hier in Deutschland. Ich habe inzwischen Ihr Buch gelesen. Es hat mich sehr betroffen gemacht, ja sogar in Depressionen gestürzt, weil zwischen den Zeilen so manche Erfahrung angegangen ist, die mein Leben belastete. Natürlich nicht so eine dramatische Lebensgeschichte, aber so manche Ihrer Klüfte und Gefühle (...)

Übrigens noch zu meiner Person: Ich bin Priester (...) Für Ihr weiteres Schaffen wünsche ich Ihnen Gottes Segen und die helfende Nähe eines lieben Menschen.

Liebe Frau Rosemarie Buri,
zuerst einen lieben herzlichen Gruß in der Hoffnung, daß Sie nach all dem Schweren in Ihrem Leben, das wir durch Ihr faszinierendes Buch erfahren haben, nun in diesem Jahr und nun für immer ein zufriedenes und glückliches Leben führen können. (. . .)

Ich, Albert, habe Ihr Buch in einem Zug ausgelesen, was bei mir schon ein Zeichen von großem Interesse ist – und die so rasch aufeinanderfolgenden Auflagen und der Wiederhall in den Medien bestätigen, daß viele Leser stark von Ihrem Schicksal berührt wurden.

Um darüber ausführlicher zu sprechen, würden wir Ihren Besuch bei uns sehr begrüßen. Da wir das Reisen aufgegeben haben, können Sie mit einem Besuch unsererseits nicht rechnen, das Alter gebietet nun Schonung. Aber im Sommer ist es auch bei uns schön, und es wird Ihnen gefallen.

In der Erwartung, von Ihnen bald zu hören, grüßen Sie herzlich

Ihre Anna und Albert Wimschneider

Leider kam es nicht dazu, daß ich meine Leidensgenossin Anna besuchen konnte. Einmal war es fast so weit, daß ich zu Anna gehen wollte, dann ist etwas dazwischen gekommen. Leider ging es Anna längere Zeit nicht gut. Nun ist sie gestorben.

Sehr geehrte und liebe Frau Buri,
wir haben gerade Ihr Buch gelesen. Wenn ich sage wir, bedeutet das, ich habe es meiner Frau vorgelesen.

Jetzt kann ich nicht anders, als Ihnen ein paar Zeilen schreiben. Wir haben richtig an Ihrem Leben teilgenommen. Wir haben mit Ihnen geweint und gelacht. Zu lachen gab es da allerdings nicht viel. Ich finde es in mehrfacher Hinsicht gut, daß Sie dieses Buch geschrieben haben. Ihnen hat es sicher gut getan, sich all diese schweren Jugenderfahrungen von der Seele zu schreiben. Sie klagen ja niemanden an, Sie erzählen einfach, was Sie erlebt haben, und das auf eine kurzweilige, spannende Art. Aber es gibt sicher einige Personen, die sich hoffentlich ganz für sich selbst eine Scheibe abschneiden können. Für manche gedankenlose Zeitgenossen kann es eine Lehre sein, wie man es eben nicht machen sollte. Ihr Buch ist ein beachtenswertes Zeitdokument. Einiges hätte ich selber allerdings nicht für möglich gehalten.

Wir haben den zweiten Weltkrieg als junge Familie erlebt. Unsere Kinder wurden '39, '40, '41 und '42 geboren. Wir waren damals auch nicht auf Rosen gebettet, aber ausgenützt wurden wir nicht. In unserem Bekanntenkreis gab es auch harte und weniger harte Schicksale. Aber so, wie Sie diese Jahre erlebt haben, so etwas war uns von niemandem bekannt. Gewiß, es gibt auch heute noch Dienstverhältnisse, die hart und unmenschlich sind. Aber da kann vielleicht gerade Ihr Buch mithelfen, unerfreuliche Verhältnisse ins richtige Licht zu stellen.

Ich hoffe und wünsche, daß Sie sich über Ihren Erfolg von Herzen freuen können. Ich gratuliere Ihnen ganz herzlich zu diesem Erfolg und hoffe gerne, daß auch Ihre anderen Aktivitäten Ihnen immer aufs neue Befriedigung verschaffen.

*

Letzthin bekam ich einen Brief von einer Frau. Sie gratulierte mir zu dem Buch. Dann kam ihre Geschichte, daß sie geschieden sei und für ihr Leben selber aufkommen müsse. Sie arbeite als Verkäuferin, und am Sonntag serviere sie in einem Restaurant, damit sie unter Leute komme:

Ihnen, Frau Buri, geht es doch so gut, keine Sorgen. Sie haben einen Mann, der Ihnen jeden Wunsch von den Augen abliest. Sie haben viel Geld und sind noch berühmt. Im Gegensatz zu mir, mir geht es so schlecht, ich bin allein und muß so viel arbeiten, daß ich bald nicht mehr mag. Nun muß ich noch meine Zähne reparieren lassen, das kostet 17 000 Franken. Ich weiß nicht, wo ich das Geld hernehmen soll. Liebe Frau Buri, helfen Sie mir!

Immer wieder kommen solche Briefe. Bitte helfen Sie mir!

⋆

Liebe Frau Buri,
bitte helfen Sie mir, ich weiß keinen Ausweg mehr. Ich habe eine unwahrscheinliche Kaufsucht. Ich muß alles kaufen, was mir gefällt. So habe ich Kleinkredite aufgenommen, und jetzt muß ich sie zurückzahlen und habe die 70 000 Franken nicht, die ich schulde. Sie sind meine einzige Hoffnung. Schon einmal hatte ich so viel Schulden, da ist mir geholfen worden. Nun kann ich nicht noch einmal zu den Leuten gehen.

⋆

Sehr geehrte Frau Buri,
interessiert habe ich Ihr Buch gelesen und mitgefühlt.

Die Reklame, die nun seit einiger Zeit mit Ihnen gemacht wird, schockiert mich. Das Buch hat für mich den Wert total verloren. Die im Buch beschriebene Rosmarie Buri hat sich gänzlich verändert. Warum wohl? Ist es das Geld, der Zugang zu einer besseren Welt? Wie wäre wohl Ihr Leben verlaufen, wenn Ihnen in Ihrer Jugend schon genügend resp. unbeschränkte Mittel zur Verfügung gestanden hätten?

Zugleich erschien ein Leserbrief von ihr in der Co-op-Zeitung:

Mit allem Respekt für füllige Frauen ist mir der Anblick der zur Schau gestellten Rosmarie Buri als Mannequin für dicke Frauen peinlich. In unserer Überflußgesellschaft ist es ja sehr einfach, in kürzester Zeit einige Kilo aufzuspecken.

Wieviel Disziplin braucht es aber, um das Gewicht zu halten, abzunehmen, wenn notwendig, und sich gesundheitsbewußt zu ernähren.

Ich habe Dumm und Dick *gelesen, aber nun finde ich, daß mit der Dummheit und dem Übergewicht keine abstoßende Reklame gemacht werden sollte.*

NB: Wir kämpfen gegen Drogen-, Alkohol-, Nikotin- und nicht zuletzt gegen Eßsucht. In diesem Sinne kann ich nicht einig gehen mit der PR für Dicke. Amen.

Der Brief hatte etwas Gutes, er war mit Namen, Adresse und Telefonnummer versehen. So konnte ich die Frau anrufen. Sie gab mir die Chance, mich zu verteidigen. Ich rief die Frau an, und wir konnten ganz anständig miteinander plaudern. Ich konnte ihr sagen, daß das, was ich in der Co-op-Zeitung gemacht habe, keine Reklame war. Wir haben nur gezeigt, daß sich dicke Frauen auch modisch und schick anziehen können. Die Kleider stammten alle aus meinem Schrank, waren also mein Eigentum. Ich habe noch nie einen Rappen Geld bekommen, wenn mein Bild in einer Zeitung erschien. Die Reporterin ist eine liebe Freundin von mir, und ihr zuliebe habe ich es gemacht. Weder wegen Ruhm noch für Geld. Einfach als Gefälligkeit, weil wir uns mögen und gerne füreinander da sind. Wir fanden, Dicke brauchen auch Kleider, und viele waren dankbar für die Reportage.

Die Frau merkte, daß ich mich nicht zu meinem Nachteil verändert hatte. An dem Geschriebenen merkte ich auch, daß die Frau eine gute Schulbildung genossen hatte. Für die Frau finde ich Achtung, weil sie den Mut hatte, zu ihrer Meinung zu stehen. Das habe ich ihr auch gesagt. Sie hat sich sogar bei mir entschuldigt, weil sie gemerkt hat, daß man nicht alle Dicken in das gleiche Faß werfen kann. Die Frau hat mir sogar versichert, daß sie nun einen schönen Tag haben werde nach dem Gespräch. Man muß eben miteinander reden. Das ist wichtig für die Menschheit.

*

Sehr geehrte Frau Buri,
durch Ihr Auftreten im Fernsehen wurden wir auf Ihr Buch aufmerksam und kauften es umgehend. Gestern las es mir meine Haushälterin Frau B. zu Ende. Ihr

Werk hat mich tief beeindruckt, aber auch ungemein beschämt. Beschämt, daß es in unserer Zeit und in unserem reichen Land noch solch bittere Schicksale geben kann. Ganz besonders schäme ich mich für Ihren Oberschullehrer und die Lehrerin der Unterschule. Ich war selber 30 Jahre Primarlehrer und hoffe zuversichtlich, es habe keins meiner ehemaligen Schulkinder ein so übles Bild des Lehrers im Herzen.

Ich werde im Frühjahr 93 Jahre alt, zähle also zu der Generation Ihrer Eltern. Leider sind meine Augen so schwach geworden, daß ich nicht mehr lesen kann. Die schweizerische Blindenhörbücherei versorgt mich aber seit Jahren mit Sprechbändern. Zudem habe ich in Frau B. eine ausgezeichnete Vorleserin.

Ich gratuliere Ihnen herzlich zu Ihrem trefflichen Werk und vermisse bloß, daß wir über Ihr Schicksal nach der Verheiratung so wenig erfahren.

Mit vorzüglicher Hochachtung

⋆

Von der reichen Schweiz habe ich in meinem Leben sehr wenig zu spüren bekommen. Wie wir wissen, haben die Sprachlosen keine Worte und keine Sprache, sie halten sich im Hintergrund und sind ganz still. Menschen, die erfolgreich in ihrem Beruf und in der Politik aufgehen und genug haben, um gut zu leben, können es schlecht verstehen, daß es auch Arme gibt. Nicht nur vor fünfzig Jahren, sondern auch heute noch. Irgendwie werden die Augen geschlossen, man will es nicht sehen, man weicht aus. Man sagt, die Menschen, die in Not geraten, seien selber Schuld.

⋆

Liebe Frau Buri,
mit großer Freude und Begeisterung verfolgte ich Ihren Auftritt in der Fernsehsendung „Grell-Pastell“.

Ich möchte Ihnen auf diesem Weg meine Bewunderung und Gratulation zu Ihrem neu eingeschlagenen Lebensweg kundtun.

Sie sind damit für viele junge und ältere Menschen zu einem Vorbild geworden, denn Sie haben aufgezeigt, daß es für das Schwierigste in einem Menschenleben, nämlich sein Innerstes zu offenbaren und über seinen eigenen Schatten zu springen, nie zu spät sein kann.

⋆

Meine Tochter hat mir Dein Buch geschenkt. Als alle im Bett waren, wollte ich noch im Buch lesen. Aber es war nicht aufzufinden. Zuletzt suchte ich noch im Zimmer meines jüngsten Sohnes. Der hat noch nie von sich aus ein Buch angerührt, und auf seinem Nachttisch fand ich das Buch. Das Buch wurde vom Ötti, vom Sohn, und den beiden Töchtern und mir gleichzeitig gelesen. Rücksichtsvoll und ohne große Worte kamen alle aneinander vorbei. Wenn die Tochter heute damit fertig wird, habe ich es der Schwiegertochter versprochen. Stell Dir vor, vor lauter Lesen hat niemand den Fernseher angestellt.

Wieviele sogenannte Respektspersonen würden vom hohen Roß herunterkommen, wenn mehr Leute den Mut hätten, darüber zu sprechen, wie es ihnen wirklich geht.

⋆

Die Tränen, die mir am Schluß des Buches kamen, erinnerten mich auch an meine Kindheit im Kinderheim. Den Kontakt mit meiner Mutter fühlte ich genauso, wie Sie es mit ihrer Mutter erlebt haben. Daß Sie noch soviel unternehmen und sich selbst treu geblieben sind oder jetzt erst recht treu sind, finde ich großartig. Ihr Selbstvertrauen und ihre Selbstbestätigung und Intelligenz, wie auch schöpferisch kreative Seiten beeindrucken mich sehr. Ich freue mich, daß Sie nicht aufgegeben haben.

⋆

Ich lese die Gotthelfwerke zum zweiten Mal. Mir scheint, daß sich der Mensch in seinem Verhalten bis heute herzlich wenig geändert hat. Was sind wir doch für eine fragwürdige Gesellschaft. Der ernsthafte Versuch, das Wort „Liebe deinen Nächsten wie dich selbst" müßte nach meiner Ansicht gewaltige Veränderungen zu gegenseitigem Verständnis wecken. Ich freue mich, daß Sie trotz unvorstellbarer Hindernisse zu einem sinnvollen Leben gefunden haben. Wie gut, daß Sie den Mut aufbrachten, Ihre künstlerischen Begabungen auszubilden.

⋆

Ihr Buch ist ganz prima, wirklich. Es ist so frei aus ehrlichem Herzen geschrieben. Ich habe das Buch am Abend um 23 Uhr fertig gelesen und am Morgen um 5 Uhr war ich immer noch wach. Es hat meine eigenen Erlebnisse so aufgewühlt. Das Buch werde ich immer wieder lesen.

Auch das Welschlandjahr kam mir wieder in den Sinn. Mir ging es ähnlich wie Ihnen. Zu essen gab es auch zu wenig. Am Abend eine Kelle Kartoffelsuppe, ein kleines Stückchen Brot und ein Tässchen Kaffee.

Der Brief stammt von einer jungen Frau. So ist es heute auch noch nicht besser. Mein Buch wird sie so lange wieder lesen, bis die Frau ihre Ungerechtigkeit verarbeitet hat, die sie erlitten hat.

Dank

Danken möchte ich meinen Freunden. Ihr wart das Salz in meinem Leben.

Danken will ich meinem Mann, der mich im Haushalt unterstützte. Mit der Krankheit konnte ich es nicht mehr schaffen. Tatkräftig hat er mir die Arbeit abgenommen. So war es mir möglich, meinen Verpflichtungen nachzukommen.

Herzlicher Dank geht an meine Schwester, die mich während meiner Krankheit aufgepäppelt hat, und an meinen Heiler Max, der mir in Freud und Leid zur Seite stand.

Ein herzlicher Dank geht an alle, die mir Liebe und Treue erwiesen haben:

an meine Ärzte Dr. Zbinden und Dr. Wisli;

an Walter Keller, in dem ich einen Sohn gewonnen habe;

an Dori Bunner, die mir über dreihundert Zeitungsartikel geordnet hat, und ihren Mann Hans-Peter;

an den Handharmonikaclub Burgdorf-Kirchberg, der immer da war für mich;

an Fritz Schüpach und seine Mutter für die Aufnahmen;

an Pepe Lienhart, dem ich mein erstes Live-Konzert verdanke;

an Gilbert Musy, der mich geschickt durch die welsche Schweiz geleitet hat. Auch an Marlyse Piétri für ihren Einsatz;

an alle Moderatorinnen und Moderatoren von Fernsehen und Radio im In- und Ausland;

an die Mitarbeiterinnen und Mitarbeiter der Presse im In- und Ausland;

an Direktor P. de Bross vom Theater in Vevey für die gelungene Ausstellung und Matinée;

an Werner Wüthrich, dem ich von Herzen wünsche, daß sein Drama bald die geeignete Bühne findet;

an alle die Menschen, denen ich in Sendungen begegnet bin, die mich mit meinen Kilos und meiner Einfachheit angenommen haben. Ihr alle habt mir soviel gegeben;

an alle Theaterleute vom Grütli Theater in Genf;

an alle Buchhandlungen;

an Dagmar und Richard Bhend für ihre große Arbeit;

an alle, die mir mit einem lieben Brief wieder Mut machten zum Weiterarbeiten;

an die Gemeinde Burgdorf für das Fleckchen Erde, auf dem mein Fernseh-Nußbaum wachsen kann;

an die Pro Helvetia für den wertvollen Ägypten-Aufenthalt.

Herzlichen Dank an alle, die mir etwas Liebes getan und mich verstanden und unterstützt haben.

Es ist ein sehr langer Werdegang. Viel bin ich gestrauchelt und wieder auf die Nase gefallen. Für jeden Tag, an dem ich es schaffe, so von Herzen glücklich zu sein, bin ich tief dankbar. Ich freue mich am Leben und an jedem neuen Tag. Ich bin bereit, auch das Schwere vom Leben zu tragen, denn ich weiß, daß man nur aus sich heraus wachsen kann. Ich glaube daran, daß wir nicht zum Leiden hier auf Erden sind. Man muß den Mut haben, immer wieder neu anzufangen und nie aufzugeben; immer bereit sein, Neues zu schaffen; jede Arbeit mit Sorgfalt und Liebe erledigen, unsere Mitmenschen lieben und als menschliche Wesen achten, unsere Tiere und Pflanzen schützen und sie behüten.

All meinen Leserinnen und Lesern wünsche ich für jeden Tag alles Liebe und Gute, Zufriedenheit und Glück. Ich würde mich freuen, wenn ich viele damit anstecken könnte, das Glück in sich selber zu finden.

Rosmarie Buri